빌사남이 말하는
빌딩 투자의 모든 것

빌사남이 말하는

빌딩 투자의
모든 것

김윤수(빌사남) 지음

"아파트를 살 것인가, 빌딩을 살 것인가?"

빌딩 매입·매각부터 성공·실패 사례까지

천그루숲

머리말

　최근 몇 년간 이어진 고금리 시대를 지나며, 2026년 들어 빌딩 시장의 분위기가 조금씩 바뀌고 있다. 대출금리가 하락하고 있고, 주택 시장은 여전히 규제로 묶여 있어 상대적으로 운신의 폭이 넓은 빌딩 투자에 눈을 돌리는 사람들이 늘고 있다. 이런 분위기에 맞춰 빌딩 투자에 관심을 가지는 분들이 필자를 만나면 항상 묻는 질문이 있다.

　"빌딩 투자의 매력은 무엇인가요?"

　이 질문에 나는 '건물 전체를 소유할 수 있다'는 점이 가장 매력적이라고 답한다. 아파트나 분양상가는 건물의 일부 지분만 소유하지만, 빌딩은 대지와 건물 전체를 온전히 내 이름으로 가질 수 있다. 그리고 리모델링을 통해 건물에 변화를 줄 수 있고, 신축을 통해 건물의 가치를 올릴 수도 있다. 같은 건물이라도, 누가 어떻게 운영하느

나에 따라 수익과 가치가 달라지는 것이다. 이건 똑같이 찍어내는 분양상가나 아파트 시장과는 완전히 다른 구조다.

또한 빌딩은 대부분 근린생활시설로 되어 있어 주택으로 분류되지 않는다. 그래서 매매 시 자금조달계획서를 제출하지 않아도 되고, 대로변의 큰 건물이 아니라면 종합부동산세 대상에서도 벗어난다. 대출 역시 주택보다 유연하다. 이런 이유로 금리 인하기에는 '아파트보다 빌딩이 낫다'는 말이 자연스럽게 나온다.

하지만 그렇다고 빌딩 투자를 만만하게 봐서는 안 된다. 같은 지역에 있어도 건물의 구조와 용도, 임차인, 임대수익 등 고려해야 할 사항들이 너무나 많다. 그래서 당장의 임대수익률만 보고 판단했다간 큰코다칠 수 있다. 기본적인 입지 분석부터 건물 분석, 임차인 분석까지 확인해야 할 게 정말 많다. 그리고 아파트는 관리사무소에서 전반적인 관리를 해주지만, 빌딩은 오롯이 건물주의 몫이다. 임차인과의 관계, 시설관리, 유지보수까지 모두 직접 챙겨야 한다. 이런 점에서 빌딩 투자는 단순한 '투자상품'이 아니라, 하나의 '투자사업'의 관점에서 접근해야 한다.

2020년 코로나 팬데믹 당시, 저금리 기조와 주택 규제 강화로 빌딩 시장이 호황을 누렸던 것처럼 지금의 시기도 시장 전환기 초입에 진입하고 있다. 하지만 그 시기와 다른 점이 있다면 임대시장이 좋지 않다는 것이다. 자영업자 폐업률이 사상 최대치를 기록하고 있는 만큼 임대시장은 쉽게 회복되기 어려운 상황이다. 물론 핵심상권과 인기 지역은 여전히 공실도 없을 뿐더러 임대료 또한 계속해서 오르고 있다. 이처럼 상권 쏠림 현상이 심해지고 있고, 빌딩 거래 역시 사람이 몰리는 지역에만 활발하다. 그리고 이런 양극화는 앞으로 더욱 심해질 것으로 예상된다.

건물주만 되면 돈 버는 시대는 지났다. 오히려 팔리지도 않고 골칫덩어리로 전락하기도 한다. 따라서 지금 같은 시장 전환기에는 추후 매각까지도 고려하면서 신중하게 투자를 해야 된다. 이 책은 빌딩의 본질을 이해하고, 실패 확률을 낮추기 위한 투자 마인드셋에 집중한다. 빌딩 투자의 핵심 원리부터 매입·운영·매각까지 전 과정을 실제 사례를 통해 설명하며, 초보 투자자가 실수하지 않고 스스로 판단할 수 있는 기준을 세울 수 있도록 구성했다.

빌딩 투자는 감으로만 되는 게 아니다. 직접 보고, 발로 뛰며, 꾸준히 공부해야 한다. 좋은 입지를 보는 눈, 건물 구조를 읽는 감각, 그리고 시장 흐름을 파악하는 힘이 필요하다. 이 책을 통해 그런 감각을 키우고, 스스로 판단할 수 있는 힘을 얻기를 바라며, 성공적인 빌딩 투자를 통해 행복한 건물주가 되기를 진심으로 응원한다.

빌사남 김윤수

차례

머리말 • 4

프롤로그 _ 빌딩 시장, 투자 전망 • 11

Part 1

빌딩 투자의 A to Z

1장 빌딩 투자의 첫걸음

01 빌딩 투자, 종잣돈 10억 원은 필요하다 • 25

02 빌딩 투자에 앞서 세 사람을 먼저 만나라 • 28

03 대출을 잘 받는 6가지 전략 • 33

04 투자계획표 작성은 선택이 아닌 필수다 • 37

05 법인 매입에 따른 변수를 고려하라 • 44

06 임대에도 전략이 필요하다 • 48

07 영끌 투자, 절대로 하지 마라 • 51

08 공동투자, 세상에 공짜는 없다 • 54

2장 빌딩 건물주가 되는 길

01 투자에 앞서 알아야 할 부동산 기초지식 • 59

02 현장에 가기 전 꼭 필요한 공적장부 분석 • 67

03 A급 빌딩의 3가지 기준 • 74

04 A급 빌딩을 찾는 3가지 방법 • 78

05 매물이 시장에 나오는 진짜 이유 • 81

06 빌딩 투자는 발품 파는 사람이 이긴다 • 83

07 3건 이상의 매각 사례를 분석하라 • 87

08 IT 서비스를 활용하라 • 91

09 빌딩과 주거시설의 호재는 다르다 • 97

3장 빌딩 투자, 계약부터 매각까지 실전 노하우

01 매입검토표 작성과 투자지역 선정 • 101

02 계약 전후 체크리스트 및 필수서류 점검 • 108

03 빌딩 운영 및 리스크 관리 노하우 • 115

04 공실률을 낮추는 임차인 유치전략 • 119

05 빌딩 투자의 꽃은 '매각' • 127

06 빌딩 관련 세금 총정리 • 131

07 건물 매각 시 실제 수익금액 계산 • 139

4장 리모델링 vs 신축, 건물의 가치를 높이는 법

01 리모델링과 신축의 성공조건 · 145

02 리모델링하기 좋은 건물의 조건 · 151

03 신축하기 좋은 건물의 조건 · 158

Part 2

빌딩 투자, 성공 & 실패 사례 분석

1장 빌딩 투자, 성공을 벤치마킹하다

01 10년 장사 끝에 3억으로 건물주되다 · 167

02 리모델링 대신 신축을 선택한 이유 · 173

03 땅의 가치를 이기는 건 없다 · 178

04 성수동 낡은 건물이 8층 랜드마크로 다시 태어나다 · 183

05 허물지 않고 가치를 2배로 올리는 법 · 189

06 강남 50평 신축, 토지 매입부터 통임대까지 · 194

07 국밥집 건물이 랜드마크 카페로 변신하다 · 201

08 3년 반의 여정, 성수동 사옥을 짓다 · 206

2장 빌딩 투자, 실패에서 배운다

01 강남 신축 통임대, 5개월 만에 13억 원 손실을 보다 · 213

02 고금리 공포 속, 기회를 놓친 건물주 · 217

03 상권 쇠퇴의 직격탄을 맞다 · 220

04 임대수익률만 보고 공유 건물을 매입하다 · 223

05 강남 건물, 무조건 좋은 것은 아니다 · 227

Part 3

서울시내, 빌딩 상권 분석

01 상권이 안 좋아진 지역 분석 · 232

02 상권이 좋고 빌사남이 추천하는 지역 분석 · 237

빌딩 시장,
투자 전망

　최근의 빌딩 시장을 보면 예전처럼 '사두면 오르는' 시장이 아니라, 흐름을 읽는 사람만 살아남는 시장이 되었다는 걸 실감한다. 예전 같은 저금리 시대에는 약간의 종잣돈만 있으면 누구나 쉽게 수익을 낼 수 있었다. 하지만 이제는 아니다. 같은 지역, 같은 규모의 빌딩이라도 누가 어떤 타이밍에 투자하느냐에 따라 결과가 완전히 달라진다.

　빌딩 투자는 단순히 '좋은 건물'을 사는 게 아니다. 언제 어디에 사고, 언제 팔아야 하는지를 끝까지 계산할 수 있는 '사업가'가 되어야 한다. 그래서 지금 빌딩 투자를 고민하고 있다면 매물보고서와 단순 수익률에만 의존하는 것이 아니라 '거래가 이루어지는 곳, 살아남는 지역, 변화를 견디는 건물'을 골라야 한다.

그럼 이제 2026년을 바라보는 빌딩 시장의 핵심 흐름을 짚어보자. 거래가 꾸준히 이어지는 지역의 특징, 입지의 가치, 금리의 방향, 상권의 변화, 그리고 정책 기회까지, 시장의 흐름 속에서 어디에 기회가 있고 무엇을 피해야 하는지 함께 살펴보자.

/ 거래가 되는 곳만 된다 /

부동산의 본질적인 위험 중 하나는 '환금성', 즉 팔고 싶을 때 쉽게 팔리지 않는다는 점이다. 특히 빌딩 투자에 있어서는 이 부분이 가장 중요하다. 아파트는 호가만 잘 맞추면 금방 거래가 이루어지지만, 빌딩은 급매가 아니라면 매물로 내놓고 몇 달, 길게는 몇 년을 기다려야 하는 경우도 많다. 그만큼 시장 참여자가 적고, 거래 속도가 느린 자산이다. 그래서 빌딩 투자를 할 때는 단순히 '좋은 건물'이라는 관점보다 이 건물이 실제로 시장에서 잘 거래될 수 있는지를 먼저 봐야 한다.

좋은 입지에 있는 건물은 시장이 어려워도 거래가 잘된다. 반대로 입지가 애매하거나 상권의 수요가 불안정한 곳은 아무리 가격을 낮춰도 매수자가 쉽게 나타나지 않는다. 결국 '거래가 되는 곳만 된다'는 말이다.

2020년대 초반, 금리가 낮고 시장에 돈이 넘쳐났을 때는 서울 대부분의 지역이 '잘 팔리는 지역'이었다. 서울 지역의 거의 모든 빌딩 가격이 동시에 상승했다. 하지만 2022년 하반기부터 금리가 급격하게 오르면서 상황이 완전히 달라졌다. 거래량은 절반 이상 줄어들었고, 시장에 매물이 쌓이기 시작하며 가격이 하락했다. 그때부터는 누가 사줄 수 있느냐가 가장 중요한 기준이 되었다.

결국 투자자들의 시선은 다시 확실한 지역으로 몰렸다. 언제든 매수자가 있는 지역, 다시 말해 거래가 꾸순히 이루어지는 지역만 살아남은 것이다. 예를 들어 강남처럼 대기업 본사, 금융기관, 자산가들의 주거지가 모여 있는 곳은 시장 상황에 상관없이 거래가 꾸준했다. 이런 지역은 금리가 오르더라도 매수 대기자가 많기 때문이다.

반대로 거래가 적은 지역의 건물은 시장 하락기에 가장 먼저 가격이 떨어지고, 매수자들도 대부분 사라진다. 급매로 내놓아도 반응이 없고, 결국 가격을 계속 낮추거나 장기보유로 전환할 수밖에 없다. 이것이 빌딩 투자에서 환금성 리스크가 가장 큰 이유다.

앞으로 부동산 시장의 양극화는 더욱 심해질 가능성이 높다. 시장 전체의 거래량은 늘더라도, 그 거래가 특정 지역에만 집중되는 현상이 강화될 것이다. 다시 말해 거래가 되는 곳만 계속 거래되고, 안 되는 곳은 더 안 된다. 이게 빌딩 시장의 미래다. 실제로 2025년 전국 상업·업무용 부동산 거래의 약 60%가 서울에서 이루어졌다. 지방 건물은 매각이 더 힘들고, 서울 지역 안에서도 구·동마다 거래량 차이가 크게 벌어졌다.

그래서 지금 빌딩 투자를 고민한다면 가장 먼저 확인해야 할 것은 '그 지역의 거래량'이다. 거래가 많은 지역은 매수 수요가 많다는 뜻이고, 그만큼 환금성이 높다. 또한 이 지역들은 가격이 떨어지더라도 회복이 빠르고, 위기 때마다 자금이 먼저 유입된다. 요약하자면 좋은 건물의 첫 번째 기준은 '잘 팔리는 지역'이다. 건물의 임대료와 수익률도 물론 중요하지만, 시장이 얼어붙었을 때 마지막까지 거래가 이어지는 곳이 결국 살아남는다.

서울시 지역별·금액대별 거래량(2025년 기준)

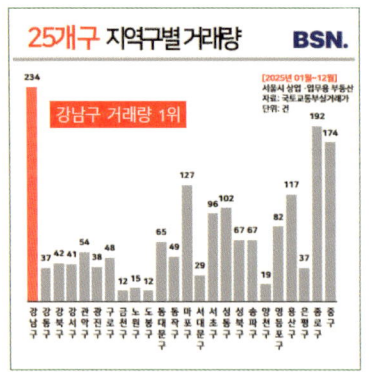
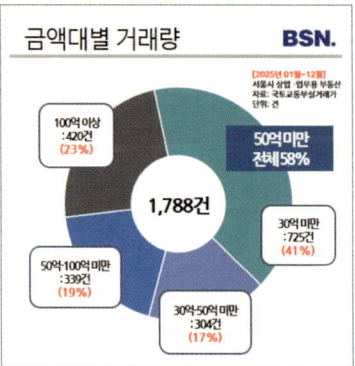

/ 싼 곳이 아닌 '입지 좋은 곳'을 제값에 매입하자 /

앞서 이야기했듯이 앞으로 부동산 시장의 양극화는 더 심해질 것이다. 임대가 잘되는 곳만 계속 잘되고, 가격이 오르는 지역만 더 오른다. 유동인구도 특정 지역으로 몰리고, 사람과 돈이 움직이는 방향이 뚜렷해진다.

많은 사람들이 빌딩 투자를 처음 시작할 때 조금이라도 싸게 사야 수익을 낼 수 있다고 생각한다. 하지만 그 생각이 가장 위험하다. 싸게 사는 데 집중하다 보면 입지가 떨어지는 건물을 사게 되고, 결국 공실이 생기거나 매각이 어려워진다. 가격이 싼 데는 다 이유가 있다. 도로가 좁거나, 접근성이 떨어지거나, 유동인구가 적거나, 주변 상권이 약해서 수익이 안 나는 경우가 대부분이다.

필자는 실제로 '가격이 싸고 임대수익이 잘 나오니 일단 사보자'고 투자했다가 몇 년 동안 고생하는 투자자들을 수없이 봐왔다. 공실은 지속되고 임대료는 계속 떨어져 결국 헐값에 매각해 손해를 보고 나오는 경우가 많았다. 그럴 바엔 차라리 좋은 입지의 건물을 제값에 사는 게 훨씬 낫다.

입지가 좋은 건물은 시간이 지나도 사람들이 찾는다. 주변 환경의 변화에 따라 새로운 브랜드와 플레이어들이 계속 들어오면서 자연스럽게 가치가 올라간다. 특히 빌딩은 대한민국에 단 한 채라는 개별성과 희소성이 있다. 그래서 좋은 위치의 건물은 시간이 지날수록 가치가 커진다.

결국 싸게 사는 것보다 '잘 사는 것'이 중요하다. 싸게 사서 고생하는 것보다 좋은 위치의 건물을 제값에 사서 안정적으로 운영하는 것이 훨씬 현명한 투자다. 빌딩 시장에서 가격은 결국 '입지'가 결정한다.

/ 빌딩 투자의 핵심은 '금리'다 /

빌딩 투자를 이야기할 때 절대 빼놓을 수 없는 것이 바로 '금리'다. 빌딩 시장은 대부분 대출을 기반으로 움직이기 때문이다. 100% 현금으로 빌딩을 매입하는 경우는 드물고, 투자자들 대부분은 매매가의 절반 이상을 대출을 활용해 투자한다. 그래서 금리가 오르거나 내리는 것은 곧 시장의 온도를 바꾸는 결정적인 요인이 된다.

2022년 이후 금리가 빠르게 오르기 시작하면서 빌딩 담보대출금리 역시 5~6%까지 올랐고, 상황에 따라 7%를 넘는 경우도 흔했다. 그전까지만 해도 2~3% 수준이던 금리가 단기간에 두 배 이상 뛴 것이다. 결국 시장의 거품이 꺼지기 시작했고, 거래량은 절반 이상 줄어들며 시장이 얼어붙었다.

특히 2023년 1분기는 빌딩 시장의 거래가 거의 멈춘 시기였다. '금리가 도대체 어디까지 오를까?'라는 불안감에 모두가 관망하며 눈치만 보고 있었다. 다행히 금리는 한계점에 도달했고, 2024년 초부터는 조금씩 내려가며 거래가 다시 살아나기 시작했다. 그러다 2025년 들어 안정세를 보이며 거래량이 점차 회복되고 있다.

2026년 1월 기준 재무상태가 괜찮은 법인의 경우에는 3~4%대 금리로 대출이 가능하며, 일부 우량 차주는 2%대 대출 승인도 나오고 있다. 이는 불과 1~2년 전에 비하면 절반밖에 안 되는 수준이다. 2026년에는 저금리가 유지되거나 더 내려갈 가능성이 크기 때문에 이제는 빌딩을 거래하기에 괜찮은 시기라고 볼 수 있다.

다시 말하지만 빌딩 투자의 성패는 금리에 달려 있다. 금리가 낮을 때는 대출 부담이 줄고 수익률이 높아져 시장이 활발해지고, 금리가 높을 때는 거래가 줄고 가격이 하락한다. 따라서 금리의 흐름을 읽는 것은 곧 빌딩 시장의 방향을 읽는 것과 같다. 아무리 좋은 입지의 건물이라도 금리 상황을 고려하지 않으면 수익을 내기 어렵다. 결국 시장을 움직이는 것은 사람의 기대감이 아니라, 돈의 흐름이다.

기준금리 추이(2020-2025년)

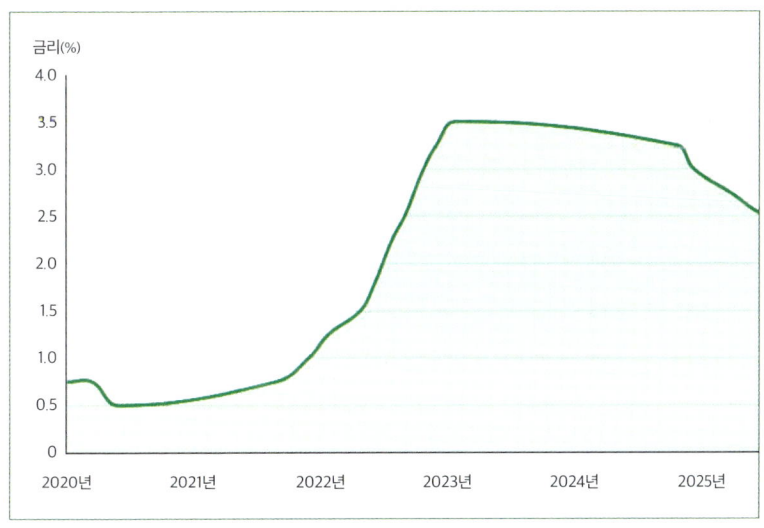

/ **외국인이 오는 상권이 살아남는다** /

이제 상권의 생존과 성장에 있어서 외국인은 선택이 아닌 필수요소가 되었다. 과거에는 내국인 중심의 소비로도 상권이 유지되었지만, 지금은 그 구조가 완전히 달라졌다. 국내 소비인구는 계속 줄어들고 있는 반면에, 외국인 관광객 수는 폭발적으로 늘어나고 있다.

넷플릭스와 같은 OTT 플랫폼을 통해 한국의 드라마와 영화를 보고 직접 한국을 방문하는 외국인 관광객 수가 매년 증가하고 있다. 이제는 단순 관광이 아니라 경험과 소비를 목적으로 오는 시대가 된 것이다. 영화에 나왔던 장소를 찾아가고 드라마에 나왔던 음식을 먹는다. 대표적인 곳이 명동이다. 코로나 시기에는 공실률이 50%에 달할 정도로 유령 상권으로 변했지만, 지금은 완전히 회복되어 공실률이 한 자릿수로 줄어들었다. 유동인구도 서울에서 가장 많은 수준으로 돌아왔다. 명동은 K-뷰티의 중심지로서, 명동역 인근 올리브영 매장은 하루 매출이 1억 원을 넘기도 한다. 외국인들이 돌아오면서 명동 상권 전체가 다시 활기를 되찾은 것이다.

최근 인기를 끌고 있는 성수동 연무장길도 마찬가지다. 성수동은 내국인보다 외국인 관광객이 더 많을 정도로 붐빈다. 브랜드를 경험하기 위해 긴 줄을 서 있는 관광객도 쉽게 볼 수 있다.

외국인들은 피부과, 성형외과 등 의료·미용 서비스 이용에도 적극적이다. 의료와 시술을 받기 위해 한국을 찾는 외국인들이 많아지며, 프리미엄 미용실이나 뷰티숍들은 직원 대부분이 영어와 중국어, 일본어를 구사할 수 있도록 매일 외국어 교육을 받고 있다. 심지어 통역사를 따로 두는 곳도 있다. 이처럼 외국인 고객을 맞이할 준비가 되어 있는 매장은 단순한 미용실을 넘어 글로벌 서비스 공간으로 진화하고 있다.

필자는 앞으로 외국인이 많이 찾는 상권이 살아남고, 그렇지 않은 상권은 점점 힘을 잃게 될 것이라고 본다. 우리나라는 내수시장만으로 경제를 유지하기 어려운 구조로 가고 있다. 젊은 인구는 줄고 고령층은 늘어나면서 소비세대가 줄어들기 때문이다. 결국 상권이 지속적으로 성장하려면 외국인의 소비력이 반드시 필요하다.

빌딩 투자도 마찬가지다. 예전에는 국내 수요를 기준으로 지역을 봤다면, 이제는 외국인 관광객이 매력을 느끼고 자주 찾는 지역이 장기적으로 더 안정적이고 성장 가능성이 높다. 관광객은 단순한 유동인구가 아니라, 상권의 수준과 문화를 한 단계 끌어올리는 존재다. 따라서 빌딩을 고를 때도 그 지역이 외국인들이 일부러 찾아올 만큼 매력적인 곳인지 확인해야 한다. 그것이 앞으로 상권의 생존조건이자 성공투자의 기준이 될 것이다.

/ 3년 동안 주어진 용적률 인센티브 기회 /

서울시는 2025년 5월부터 3년간 한시적으로 소규모 건축물에 대해 용적률을 완화해 주는 제도를 시행하고 있다. 이 제도의 핵심은 다른 조건 없이 용적률을 높일 수 있다는 것으로, 기존보다 더 넓은 연면적을 확보해 건물을 지을 수 있다는 뜻이다.

이번 완화 조치로 서울시 기준 제2종 일반주거지역은 기존 200%에서 250%로, 제3종 일반주거지역은 250%에서 300%로 용적률이 상향된다. 단순히 숫자로 보면 50%가 올라간 것 같지만, 실제 건축을 할 때 용적률 50% 상향은 건물 규모를 완전히 바꿔놓을 수 있는 수

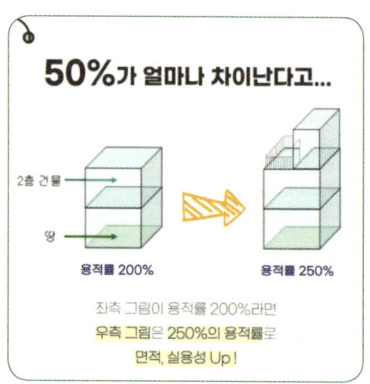

준의 변화다. 예를 들어 대지면적이 100평인 땅을 기준으로 봤을 때 기존에는 연면적 200평까지만 지을 수 있었던 곳이 이제는 250평까지 가능해졌다. 즉, 건물을 한 층 이상 더 올릴 수 있는 효과가 생기는 것이다. 이는 단순히 면적이 늘어나는 것을 넘어 임대면적이 확대되고, 수익률이 커지며, 결국 매각 시 자산가치가 높아지는 결과로 이어진다.

이 정책은 3년 동안만 적용되는 한시적 제도다. 즉, 2028년 5월이 지나면 다시 원래의 용적률로 돌아갈 가능성이 높다. 그렇기 때문에 지금 건축을 계획하고 있거나 노후건물을 리모델링하려는 사람들에게는 정말 천재일우의 기회가 될 수 있다. 혜택이 끝난 뒤에는 이 인센티브를 적용받아 신축이나 리모델링한 건물의 희소성이 커져 프리미엄이 붙게 될 가능성이 높다.

다만 주의할 점도 있다. 모든 부지가 용적률을 끝까지 다 채울 수 있는 것은 아니다. 일조권 사선을 많이 받는 대지의 경우 건물을 더 올리기 어렵다. 이 경우에는 용적률 완화의 적용을 받더라도 실제 설계에서는 추가 층수를 확보하지 못할 수도 있다. 따라서 용적률 인센티브를 활용하기 전에 반드시 건축사와 사전 검토를 통해 일조권, 높이 제한, 도로 조건 등을 꼼꼼히 확인해야 한다.

이 제도는 빨리 준비하는 사람에게만 주어진 3년짜리 절호의 기회다. 건축을 계획 중이라면 지금이야말로 설계와 인허가를 서두를 시기다. 이 인센티브를 제대로 활용하는 사람은 향후 수익과 자산가치 측면에서 큰 차이를 얻게 될 것이다.

Part
1

빌딩 투자의
A to Z

1장

빌딩 투자의
첫걸음

빌딩 투자,
종잣돈 10억 원은
필요하다

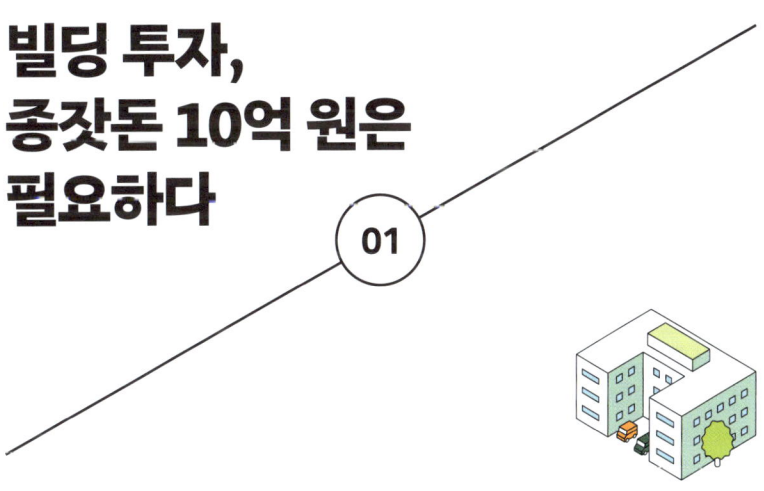

01

서울 지역에서 빌딩을 매입하려면 대출을 제외하고, 최소 10억 원은 필요하다. 세금과 각종 부대비용까지 고려하면 사실 이 금액으로도 빠듯하다. 물론 개인마다 상황은 다르다. 기존에 운영 중인 법인이 있고 재무제표가 안정적이거나, 본인 소유의 아파트를 추가 담보로 제공할 수 있다면 더 많은 대출이 가능하기 때문에 상대적으로 적은 현금으로도 투자할 수 있다. 하지만 일반적인 개인 기준으로는 최소 10억 원 정도의 현금은 있어야 현실적인 투자가 가능하다.

물론 10억 원 이하로도 살 수 있는 건물이 아예 없는 건 아니다. 서울 외곽이나 수도권, 지방의 대로변 건물 중 일부는 그 정도 금액으로도 매입할 수 있다. 그러나 이런 건물은 대부분 환금성이 낮고, 가격 상승 여력도 크지 않다. 시장이 어려워졌을 때 가장 먼저 거래가 끊기고, 팔려고 해도 몇 달 혹은 그 이상이 걸릴 가능성이 높다.

건물 투자는 단순히 '싸게 사는 것'이 아니라 '언제든 팔 수 있는 곳을 사는 것'이다. 단지 싸다는 이유로 위치가 좋지 않은 건물을 사면 결국 그 건물이 당신의 발목을 잡게 된다.

그렇다면 현금 10억 원으로는 어느 정도 규모의 건물을 살 수 있을까? 개인 명의로 대출을 활용한다면 약 20억 원대의 건물을, 법인 명의라면 대출을 더 받을 수 있어 30억 원대 건물까지도 투자할 수 있다. 같은 자금으로 아파트를 산다고 가정하면 이런 수준의 레버리지를 일으키기는 쉽지 않다. 게다가 지금 서울의 웬만한 아파트 한 채 가격은 이미 10억 원을 훌쩍 넘겼다. 결국 같은 자금으로 빌딩에 투자하는 것이 더 현실적이고 매력적인 선택이 될 수 있다. 보통 개인이 빌딩 투자를 처음 할 때는 20~30억 원대의 건물이 가장 적당한 출발선이다.

/ 건물주의 꿈은 '관심'에서 시작된다 /

많은 사람들이 '나는 지금 현금이 없으니 빌딩 투자는 나에게는 먼 일'이라고 생각한다. 하지만 빌딩 투자는 단순히 돈이 있다고 할 수 있는 것은 아니다. 꾸준히 공부하고, 시장의 흐름을 이해하고, 현장을 발로 뛰며 보는 눈을 길러야 하는 장기전이다.

지금 걷고 있는 거리, 자주 가는 카페, 매일 지나는 상가를 바라볼 때도 '이 건물은 왜 공실이 없을까?' '이 건물은 얼마짜리일까?' '이 건물은 왜 장사가 잘될까?' 이런 질문을 스스로 던지는 습관을 가지

면 어느 순간 '투자자의 시선'이 생긴다.

빌딩 투자는 단기간에 끝나는 게임이 아니다. 오랜 시간 시장을 관찰하고 관심을 가지다 보면 어느 날 확신이 생긴다. 그때가 바로 기회다. 준비된 사람에게만 그 기회가 보인다. 지금부터라도 부동산을 공부하고 현장을 살펴보자. 언젠가 그 기회는 반드시 당신에게 찾아올 것이다.

빌딩 투자에 앞서
세 사람을
먼저 만나라

02

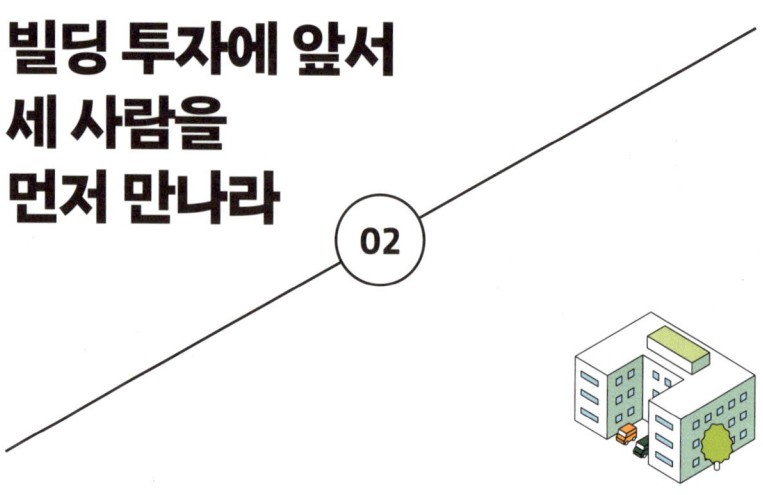

필자가 만나본 성공한 빌딩 투자자들에게는 공통점이 있었다. 그들은 궁금한 게 생기면 바로 전화를 걸어 물어볼 수 있는 '전문가 네트워크'를 가지고 있었다. 그리고 전문가에게 조언을 구할 때 결코 비용을 아까워하지 않았다. 인터넷에서 얻을 수 있는 정보는 한계가 있다. 실제 현장을 뛰며 시장의 공기를 몸으로 느끼는 전문가들의 감각과 정보력은 어떤 온라인 데이터로도 대체할 수 없다.

성공적인 빌딩 투자는 결국 현장 전문가들과의 관계에서 출발한다. 그렇다면 당신을 건물주로 만들어 줄 사람들은 누구일까? 필자가 꼽는 세 사람은 바로 '빌딩 전문 공인중개사' '은행 지점장(또는 부지점장)' 그리고 '건축사'다. 이 세 사람만 곁에 있어도 투자 판단은 훨씬 더 단단해진다.

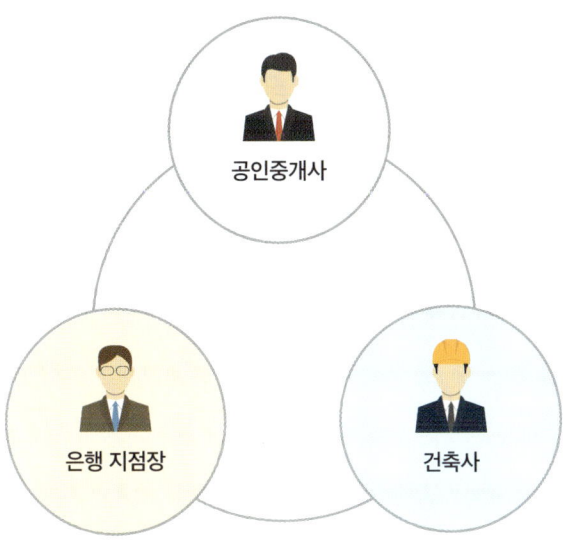

/ 빌딩 전문 공인중개사 /

빌딩 투자를 시작한다면 가장 먼저 빌딩을 전문으로 다루는 공인 중개사를 만나야 한다. 중개사마다 주력 분야가 다르다. 부동산에는 아파트·상가·토지·원룸·오피스텔 등 다양한 영역이 있는데, 그중 에서도 빌딩 거래는 규모가 크고 구조가 복잡하기 때문에 이 분야를 전문적으로 다루는 중개사를 만나야 한다. 빌딩 전문 중개사는 당연 히 매물 네트워크가 넓고, 건물의 장단점을 분석하는 실전 감각이 있다. 또한 임대 구조, 관리 포인트, 매각 시 유의점 등 일반 중개사들은 알기 어려운 세세한 부분까지 알고 있다.

좋은 중개사를 찾을 때는 단순히 중개 실적이나 경력보다 나와 오래 함께할 수 있는 사람인지를 봐야 한다. 빌딩은 매입 후 관리가 더 중요하기 때문이다. 빌딩 매입 후에도 임대, 리모델링, 매각까지 함께 고민할 수 있는 장기 파트너가 되어줄 중개사를 만나야 한다.

또 한 가지, 중개 서비스는 눈에 보이지 않는다고 해서 무료로만 생각하면 안 된다. 필요한 자문이나 관리를 받았다면 그에 대한 정당한 대가를 지불해야 한다. 그렇게 해야 진짜 원원(Win-Win) 관계가 된다. 결국 이런 관계가 당신의 시간과 비용을 절약해 주는 가장 확실한 방법이다.

좋은 중개사는 A급 매물이 나왔을 때 가장 먼저 당신에게 연락하는 사람이고, 당신이 보지 못한 건물의 리스크를 대신 걸러주는 조력자다. 따라서 '오랫동안 함께할 수 있는 한 사람'을 신중히 선택해야 한다.

/ 은행 지점장 /

빌딩 투자를 할 때 대부분은 대출을 활용한다. 이때 주거래은행이라고 해서 언제나 좋은 조건을 주는 건 아니다. 같은 은행이라도 지점, 지점장, 시기에 따라 조건은 완전히 달라진다. 그래서 여러 은행의 지점장이나 부지점장을 두루 알고 있는 것이 중요하다. 특히 임대사업자 대출을 많이 다뤄본 지점장을 만나야 한다. 이들은 실제 심사과정과 승인요건을 잘 알고 있어서, 필요한 서류를 어떤 방식으로 제출해야 통과될지 정확히 조언해 준다.

또한 은행의 대출 정책은 시기마다 달라진다. 연초에는 한도가 넉넉하지만, 연말로 갈수록 금리가 높아지고 한도가 줄어든다. 따라서 여러 은행을 동시에 알아두고, 조건을 수시로 비교하는 습관이 필요하다. 빌딩 계약 후 잔금까지는 보통 몇 달씩 걸리는데, 그 사이 대출 조건이 바뀌거나 승인이 취소되기도 한다. 실제로 잔금 며칠 전에 '대출이 안 나온다'는 통보를 받는 경우도 있다. 이럴 때를 대비하려면 항상 플랜 B 은행을 준비해 두어야 한다. 그 한 통의 연락이 수천만 원의 차이를 만든다.

/ 건축사 /

빌딩을 매매하는데 '건축사라니?' 생소하게 느껴질 수도 있다. 하지만 우리는 현실적으로 노후건물을 매입하는 경우가 많기 때문에 신축이나 리모델링 가능성을 검토할 수 있는 건축사의 역할이 매우 중요하다. 건축사는 단순히 설계 도면을 그리는 사람이 아니다. 매입 전 단계부터 해당 건물이 불법건축물인지, 용도변경이 가능한지, 일조권이나 높이 제한은 없는지 같은 핵심사항을 점검해 준다.

필자는 건축사를 '소금 같은 존재'라고 표현한다. 많이 드러나진 않지만, 제대로 들어가면 전체 맛을 바꾼다. 건축사가 어떻게 설계하느냐에 따라 건물의 가치, 임대 경쟁력, 공실률이 달라진다. 아무리 위치가 좋아도 건물의 구조와 디자인이 나쁘면 임차인은 들어오지 않는다. 빌딩은 하나의 '상품'이다. 건축사는 그 상품의 기획자이자 디자이너다. 누구를 타깃으로 어떤 공간을 만들지, 어떻게 매력적으로 보이게 할지를 결정한다. 따라서 빌딩 투자자라면 반드시 믿을 만한 건축사를 알고 있어야 한다. 좋은 건축사는 단순히 건물을 짓는 사람이 아니라, 가치를 설계하는 사람이다.

결국 '빌딩 전문 중개사' '은행 지점장' '건축사' 이 세 사람이 당신을 진짜 건물주로 만들어 줄 어벤져스 팀이다. 당신의 곁에 이 셋이 있다면, 빌딩 투자는 이미 절반은 성공한 것이다.

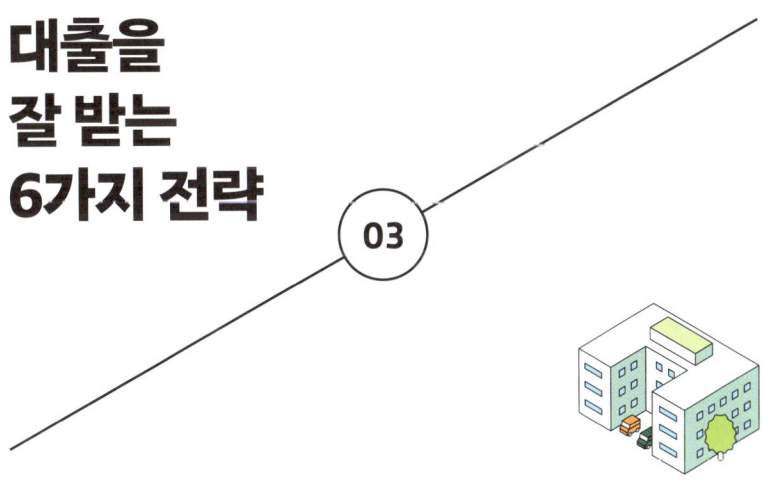

대출을
잘 받는
6가지 전략

03

빌딩 투자를 할 때 얼마나 좋은 조건으로 대출을 받느냐가 수익의 절반을 좌우한다. 같은 금액을 빌리더라도 이자율, 한도, 시기, 구조에 따라 결과가 완전히 달라진다.

다음 내용은 필자가 실제 현장에서 수많은 매입 사례를 경험하며 정리한 실전형 대출 전략이다.

/ 연초에 대출을 받는 것이 가장 유리하다 /

대부분의 은행은 매년 초 대출 예산과 목표를 새로 설정한다. 그래서 1분기, 즉 연초에는 대출 조건이 가장 좋고, 연말로 갈수록 한도가 줄거나 금리가 높아진다. 4분기쯤 되면 이미 한도가 소진되어, 대출이 불가능하거나 불리한 조건으로만 나오는 경우도 많다.

따라서 빌딩 매입을 계획하고 있다면 연초나 상반기 안에 대출을 실행하는 것이 좋다. 같은 금액을 빌리더라도 이자 차이가 발생할 수 있다. 특히 연초에는 실적 경쟁이 치열해, 지점장 재량으로 조건을 더 유리하게 조정해 주는 경우도 많다.

/ 은행은 반드시 세 곳 이상 비교하자 /

주거래은행이라고 해서 항상 좋은 조건을 주는 것은 아니다. 빌딩 담보대출은 은행별·지점별 조건이 모두 다르다. 같은 금액이라도 어떤 은행은 금리가 낮고, 다른 곳은 한도가 더 크다. 또한 대출 조건은 계약시점보다 잔금시점에 따라 달라질 수 있기 때문에 계약 초기뿐 아니라 잔금 직전에도 여러 은행의 조건을 다시 비교해야 한다.

세 곳 이상을 비교해 보면 금리 차이가 많이 나는 것을 확인할 수 있다. 금리는 숫자로만 보면 미세해 보이지만, 대출금액이 커질수록 0.1%의 차이는 결코 무시할 수 없는 금액이다.

/ 개인 명의보다 법인 매입이 유리하다 /

은행은 개인보다 법인 명의의 대출이 한도가 높고 이자율도 더 유리하다. 또한 매입 목적을 '부동산 임대사업'이 아닌 '사옥 매입'으로 설정하면 조건이 더 좋아지는 경우도 있다.

다만 최근에는 신규 법인 대출심사 기준이 강화되어 실적이 없는 부동산 임대업 법인은 대출이 제한되기도 한다. 이 경우는 대표자의 신용점수를 높이고, 자본금을 일정 수준 이상으로 맞춰야 대출 승인이 가능하다.

/ 신용등급을 미리 관리하자 /

대출은 담보가치만으로 결정되지 않는다. 대출자의 신용점수와 은행 내부 평가등급이 함께 반영된다. 특히 주거래은행이 아닌 다른 은행에서 대출을 받으려면 신용등급 관리는 필수다.

가장 쉬운 방법은 평소 예금 거래 실적을 쌓는 것이다. 예를 들어 1억 원 정도를 예금으로 넣고 몇 달 동안 유지하면 은행의 내부 평가 점수가 오른다. 이후 지점장과 상담할 때 등급을 올릴 수 있는 방안을 함께 논의하면 금리를 낮출 수 있다.

/ 주택이 포함된 건물은 대출이 어렵다 /

주택은 방의 개수마다 임차인에 대한 최우선변제금이 공제되기 때문에 대출 가능 금액이 줄어든다. 예를 들어 고시원이나 원룸처럼 방이 많은 건물은 대출 평가에서 공제액이 커져 한도가 크게 줄거나 아예 불가능할 수 있다. 게다가 전체가 주택으로 되어 있는 건물은 주택담보대출 규제를 받게 된다.

반면 근린생활시설은 대출이 잘 나온다. 따라서 주택이 포함된 건물을 매입할 경우에는 잔금 전에 '멸실조건'이나 '용도변경'을 통해 근린생활시설로 전환하는 것이 좋다. 이렇게 하면 정상적인 대출을 받을 수 있다.

/ 무리한 대출은 절대 피해야 한다 /

대출은 무조건 많이 받는다고 좋은 것이 아니다. 이것보다 더 중요한 건 오래 버틸 수 있게 받는 것이다. 빌딩은 언제든 공실이 생길 수 있고, 임차인이 나가면 몇 달 동안 임대료가 들어오지 않을 수도 있다. 이 기간이 길어져 이자를 감당하지 못하면 이자 때문에 헐값에 매각해야 하는 상황도 생긴다. 따라서 최소 6개월의 공실을 버틸 수 있는 수준으로 대출 규모를 정해야 한다. 금리가 아무리 낮아도 감당할 수 없는 대출은 결국 독이 된다.

빌딩 투자를 할 때는 가능하면 연초에 대출을 실행하고, 세 곳 이상의 은행을 비교하고, 법인 매입을 검토하고, 주택 포함 여부를 확인하고, 신용을 관리하며, 무리한 대출을 피하라. 이 6가지 원칙만 지켜도, 빌딩 투자에서의 리스크를 줄이고 안정적인 수익을 확보할 수 있다.

투자계획표 작성은
선택이 아닌
필수다

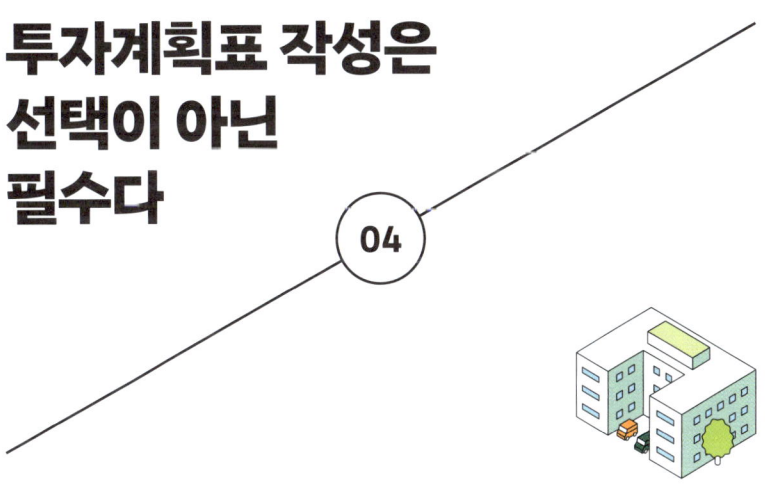

04

빌딩 투자는 단순한 '부동산 매매업'이 아니라 '임대사업'이다. 따라서 사업자가 사업계획서를 만들듯, 투자 전에는 나만의 투자계획표를 반드시 작성해야 한다.

투자계획표는 거창한 형식이 필요 없다. 중요한 건 '매입 - 보유 - 매각'의 세 단계를 나누어 각 단계에서 발생할 수 있는 비용, 수익, 리스크 요인 등을 구체적으로 적어보는 것이다. 이 과정을 통해 막연했던 투자계획이 현실적인 수치로 정리되고, 불필요한 리스크를 크게 줄일 수 있게 된다.

/ 투자계획표 작성을 통해 시행착오를 줄이자 /

1) 빌딩 매입 단계

매입 단계에서는 우선 투자금과 대출계획을 명확히 세워야 한다.

- 총매입금액 중 자기자본과 대출비율은 어떻게 구성할지
- 명의는 개인으로 할지, 법인으로 할지
- 취득세·중개수수료·법무비용 등 부대비용은 얼마나 될지

또한 계약금, 중도금, 잔금의 지급시점을 명확히 적어 두면 예상치 못한 자금 공백을 막을 수 있다.

2) 빌딩 보유 단계

건물을 보유하는 동안은 임대수익뿐 아니라 관리비용과 세금도 함께 고려해야 한다.

- 직접 관리할지, 전문 관리업체를 쓸지
- 매월 들어올 임대료와 나갈 유지보수비는 어느 정도인지
- 재산세, 전기·수도·보험료 등은 어떻게 반영할지

건물은 시간이 지날수록 생각보다 많은 유지비가 든다. 엘리베이터, 옥상 방수, 간판 교체 등 크고 작은 비용이 지속적으로 발생한다.

따라서 이러한 비용을 미리 추정해 두면 실제 수익률을 좀 더 정확히 계산할 수 있다.

3) 빌딩 매각 단계

빌딩 투자는 '언제 팔지'를 정하는 순간부터가 진짜 시작이다. 매각 시점과 매도가격을 미리 설정하고, 세금과 순수익을 계산해야 한다.

- 몇 년 보유 후 매각할 것인지
- 목표 매도가격은 얼마인지
- 양도소득세(또는 법인세)를 제하면 실제로 손에 남는 금액은 얼마인지

이 모든 항목을 엑셀 한 장에 정리해 보자. 이런 계획을 세워두면 매각시점에 시장이 흔들리더라도 감이 아닌 데이터로 판단할 수 있다.

/ 꼼꼼한 계획이 당신을 '안전한 건물주'로 만들어 준다 /

필자가 현장에서 만난 투자자 중 절반 이상은 평당 대지가격, 건물 외관, 임차인, 임대수익률만 보고 결정을 내렸다. 하지만 막상 매입 후에는 예상치 못한 추가비용과 관리 문제로 애를 태우는 사람들이 많았다. 그래서 필자는 항상 말한다.

"건물은 돈으로만 사는 게 아니라, 계획으로 사야 한다."

빌딩 투자는 단순히 돈을 투자해 매매차익을 얻는 것이 아니라, 새로운 임대사업을 운영하는 일이다. 펀드처럼 누군가가 대신 관리

해주는 시스템이 아니라 '매입' '운영' '매각'의 모든 과정을 직접 판단하고 결정해야 한다. 그 과정에는 언제나 변수가 존재한다. 따라서 투자 전, 이 변수를 점검하고 대응할 수 있는 도구가 바로 '투자계획표'다. 이 한 장의 표가 당신을 '안전한 건물주'로 만들어 줄 것이다.

| 투자계획표 |

1. 빌딩 매입 단계 계획표

구분	항목	내용 체크
총 투자구조	총 매입금액	₩
	자기자본	₩
	대출금액	₩
	예상 금리	%
	연간 이자비용	₩
명의 구조	개인 / 법인	개인 □ / 법인 □
	선택 사유	세금 / 대출 / 리스크
부대비용	취득세(농특세, 지방교육세 포함)	₩
	중개수수료	₩
	법무사비용	₩
	기타 비용	₩
	부대비용 합계	₩
자금 일정	계약금(보통 10%)	지급일 ₩
	중도금	지급일 ₩
	잔금	지급일 ₩
	대출 실행일	실행일
안전성 체크	월 이자 + 고정비	₩
	공실 발생 시 버틸 수 있는 기간	개월

2. 빌딩 보유 단계 계획표

구분	항목	월 / 연 기준
임대수입	월 임대료 총액	₩
	연 임대수입	₩
관리방식	직접 관리 / 위탁	직접 □ / 위탁 □
운영비용	관리비(위탁 시)	₩
	유지보수비	₩
	청소비용	₩
	소방안전관리(해당되는 경우)	₩
	전기안전관리(해당되는 경우)	₩
	엘리베이터	연 ₩
	옥상 방수 / 외벽	연 ₩
	공용부분	연 ₩
공과금	전기 / 수도	₩
	보험료	₩
세금	재산세	₩
금융비용	연 이자비용	₩
연 순수익	(임대수입 - 모든 비용)	₩
실질수익률	연 순수익 ÷ 총투자금	%

3. 빌딩 매각 단계 계획표

구분	항목	내용
보유전략	보유기간	년
매각 가정	목표 매도가격	₩
	예상 중개수수료	₩
	기타 매각비용	₩
과세표준 계산	양도가액	₩
	취득가액	₩
	필요경비	₩
	양도차익	₩
세금 (개인)	양도소득세	₩
	지방소득세(양도세의 10%)	₩
세금 (법인)	법인세	₩
	지방소득세(법인세의 10%)	₩
순수익	매각대금 - 세금 - 대출 상환	₩

법인 매입에 따른 변수를 고려하라

05

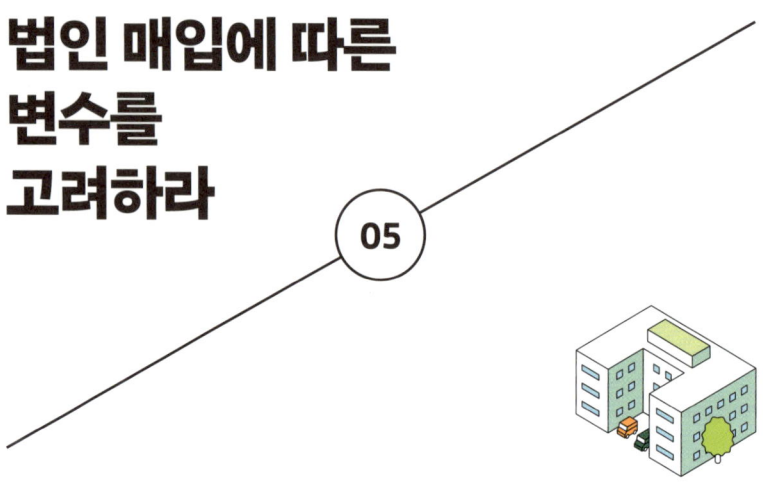

최근 몇 년 사이, 법인을 설립해 빌딩을 매입하는 투자자들이 눈에 띄게 늘었다. 예전엔 법인 매입이라 하면 대기업이나 자산가들의 방식으로만 여겨졌지만, 이제는 일반 투자자들 사이에서도 '법인 투자'가 새로운 전략으로 자리 잡았다. 그만큼 법인 명의 매입의 장점이 분명해졌기 때문이다. 하지만 법인 투자에는 이익만큼이나 주의해야 할 부분도 있다. 지금부터 그 구조와 장단점을 하나씩 짚어보자.

/ 법인 설립도 전략이 필요하다 /

법인을 설립할 때에는 자본금 구성부터 신중해야 한다. 예를 들어 자금이 10억 원 있다고 해서 10억 원을 모두 자본금으로 법인을 설립해서는 안 된다. 보통은 1억 원 정도를 자본금으로 법인을 설립하고, 나머지 9억 원은 대표가 법인에게 '대여금'으로 빌려주는 방법을 활용하는 것이 좋다. 이렇게 하면 9억 원은 빌려준 돈이니 나중에 세금 없이 다시 회수할 수 있다. 전액을 자본금으로 넣으면 돈을 다시 빼기가 매우 어렵다. 다만 자본금을 너무 낮게 설정하면 추후 은행 대출심사에서 불이익을 받을 수 있으니 사전에 은행과의 상담을 통해 적정 자본금 규모를 정하는 것이 좋다.

또한 가족 간 증여나 자녀에게 지분 이전을 염두에 두고 있다면 법인 설립 시점에서부터 가족 공동지분 형태로 세팅하는 것도 고려해야 한다.

이렇게 처음부터 법인을 설립해 투자를 시작하면 이후 빌딩 매매를 계속할 때도 법인을 이용해 진행할 수 있다. 즉, 법인을 '하나의 투자 플랫폼'처럼 꾸준히 운영하는 것이다.

/ 법인 대출이 무조건 나오는 것은 아니다 /

불과 몇 년 전까지만 해도 법인 명의 대출이 개인보다 훨씬 유리했다. 특히 신규 법인은 RTI(임대업이자상환비율) 규제를 적용받지 않아 대출 한도가 더 높게 나오는 경우가 많았다. 하지만 최근에는 부동산 임대업 신규 법인에 대한 대출심사 기준이 강화되어 대출 제한이 생기기 시작했다. 따라서 이 부분은 법인 설립 전 은행 담당자 등 전문가의 조언을 얻어야 한다. 그럼에도 법인은 여전히 개인보다 높은 한도와 안정적인 금리를 받을 가능성이 크다. 중요한 건 법인의 신용도와 재무제표를 얼마나 튼튼하게 관리하느냐다.

/ 법인 취득 시 취득세를 확인하라 /

법인 명의로 빌딩을 매입할 때는 취득세 중과 여부를 반드시 확인해야 한다. 법인 설립 후 5년 이내이고, 수도권 과밀억제권역 내에 본점을 둔 법인이 같은 권역 내 부동산을 취득할 경우에는 취득세가 기본 4.6%에서 9.4%로 두 배 이상 뛴다. 물론 이렇게 낸 취득세는 매각할 때 양도소득세(또는 법인세) 계산 시 취득가액에 포함되어 공제받을 수 있지만 초기에 나가는 현금 부담이 크기 때문에 자금계획을 세울 때 반드시 고려해야 한다.

/ 보유와 처분 시의 세금은 법인이 유리하다 /

빌딩을 보유할 때 세금 측면에서도 개인과 법인은 차이가 크다. 개인은 임대소득이 다른 소득과 합산되어 종합소득세를 내지만, 법인은 순이익에 대해서만 법인세를 낸다. 특히 작은 규모의 꼬마빌딩 임대 법인의 경우는 전체 임대료에서 이자비용과 경비를 제외하면 대부분 과세표준이 2억 원 이하이므로 약 11%(지방소득세 포함)의 법인세만 내면 된다. 반면 개인의 경우 다른 소득이 있으면 누진세로 합산되어 실질세율이 훨씬 높아질 수 있다.

특히 매각 시엔 차이가 더 크다. 개인의 양도소득세는 누진세 구조로, 양도차익이 커질수록 최고 45%의 소득세와 지방소득세(소득세의 10%)를 내는데, 법인은 양도차익이 2억 원 초과 200억 원 이하는 20%의 법인세와 지방소득세(법인세의 10%)를 적용받는다.

법인은 개인에게 적용되는 3년 이상 보유 시의 장기보유특별공제가 적용되지 않는데, 전체적인 면에서 볼 때 취득세 중과와 장기보유 특별공제를 받지 않더라도 매각할 때 세율 자체가 낮기 때문에 전반적으로 법인이 유리하다.

/ 지속적인 재투자도 고려하자 /

법인 투자를 부정적으로 보는 시선도 있다. 하지만 빌딩 투자는 단발성 프로젝트가 아니라 '순환형 투자'로 봐야 한다. 한 번 사고파는 것으로 끝나는 게 아니라 임대수익과 시세차익을 다시 다음 건물로 연결해 가는 장기 투자가 많기 때문이다.

법인 명의 투자의 장점은 바로 이 '순환구조'에서 더욱 빛이 난다. 법인은 개인보다 세율이 낮고, 대출 조건도 유리하며, 시간이 지날수록 자산이 불어나는 속도가 다르다. 결국 법인 투자는 단기 수익이 아니라 장기적 자산 성장의 도구다. 첫 매입만 보고 판단하지 말고, 5년 10년 뒤의 재투자 구조를 함께 설계해야 한다. 한 번의 매입으로 끝낼 게 아니라 꾸준히 재투자하며 자산을 불려갈 계획이라면 법인 설립은 선택이 아니라 '전략'이다.

임대에도
전략이
필요하다

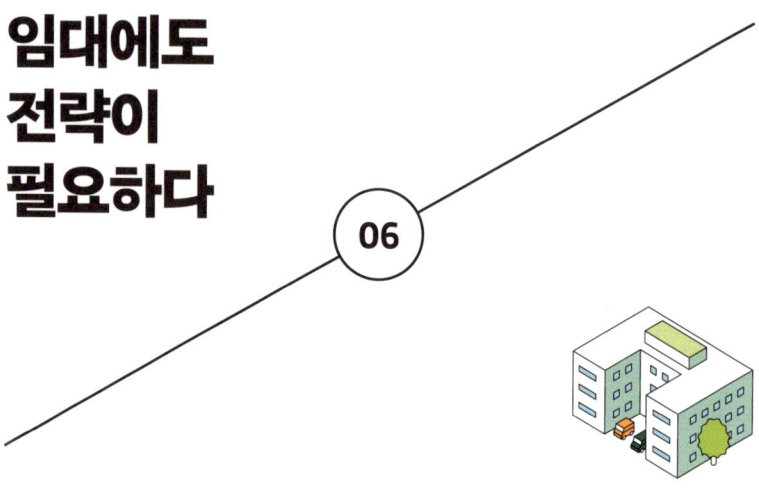

06

지금의 임대시장은 그 어느 때보다 냉각되어 있다. 경기 침체로 자영업자의 폐업이 급증하면서 상가 공실이 빠르게 늘어나고 있기 때문이다. 2025년 폐업한 자영업자 수는 100만 명을 넘어 역대 최대 치를 기록하며, 전국 상권이 한꺼번에 타격을 받았다.

고물가로 인해 사람들의 지갑은 닫혔고, 매장을 운영하는 비용은 급등했다. 인건비, 원자재비, 배달 플랫폼 수수료까지 오르면서 자영업자들의 수익 구조가 크게 무너졌다. 특히 코로나 시기 저금리로 대출을 많이 받았던 자영업자들은, 금리 급등 이후 이자 부담을 견디지 못하고 연체가 늘어나는 악순환에 빠졌다. 여기에 온라인 쇼핑의 확대로 오프라인 매장은 더욱 설 자리를 잃고 있다.

이처럼 소비가 줄고 외식 문화가 위축되면서 거리의 활기가 사라졌다. 한때 줄 서서 들어가던 식당 자리에도 공실이 생겨났다. 잘 나가던 상권마저 공실이 늘고, 임대료를 낮추거나 리모델링을 해도 세입자를 찾기 어려운 곳이 많아졌다.

오피스 시장도 다르지 않다. 대기업이 입주한 프리미엄급 빌딩은 비교적 안정적이지만, 소형 빌딩(꼬마빌딩)은 직접적인 타격을 받고 있다. 임차인 대부분이 중소기업, 스타트업, 개인사업자이기 때문이다. 투자심리가 위축되면서 스타트업들의 확장 수요가 줄고 신규 창업도 감소했다. 그 결과 강남·역삼·선릉 일대의 빌딩 공실률도 빠르게 증가하고 있다.

이런 상황이다 보니 건물주들은 임차인을 유치하기 위해 렌트프리(무상 임대기간)를 늘리거나 인테리어 비용을 지원하는 조건을 제시하기도 한다. 그만큼 임차인을 잡기 위한 경쟁이 치열해진 것이다. 반대로 임차인 입장에서는 지금이야말로 좋은 조건으로 입주할 수 있는 기회이기도 하다.

/ 상권 양극화에 따른 임대전략 /

이처럼 시장이 어렵지만, 예외는 분명 존재한다. 도산공원, 성수동 연무장길, 한남동, 명동, 청담동 명품거리처럼 핵심상권은 여전히 강세를 보이고 있다. 이 지역들은 공실률이 낮고, 임대료도 계속 오르고 있고, 건물 가격 역시 최고가를 경신 중이다. 결국 잘되는 곳만 계속 잘되고, 그렇지 않은 곳은 더 어려워지는 상권의 양극화가 심화되고 있다.

지금 빌딩 매입을 고민 중이라면 가장 먼저 해야 할 일은 '임대계획'을 잘 짜는 것이다. 건물이 얼마나 잘 임대될 수 있느냐가 투자의 성패를 가르기 때문이다. 그래서 빌딩 투자에 앞서 공실률, 평균 임대료, 수요층 등을 사전에 꼼꼼히 조사해야 한다.

'네이버부동산' 사이트를 이용하면 주변 임대시세를 편리하게 조사할 수 있다. 현재 임대가 활발히 이루어지고 있는 건물들의 보증금과 월세 수준을 비교해 보면 시장의 온도를 쉽게 파악할 수 있다. 또한 리모델링이나 신축을 계획하고 있다면 최근 리모델링 후 임대를 완료한 건물의 임대시세를 꼭 확인해야 한다. 이 데이터를 기반으로 공사 후 예상 임대료를 계산하고, 투자수익률을 미리 시뮬레이션할 수 있다.

결국 지금 같은 시기에는 입지만큼이나 임대 수요를 보는 눈이 중요하다. 좋은 위치의 건물은 경기가 나빠도 꾸준히 임차인이 들어온다. 하지만 그렇지 않은 곳은 공실이 장기화되며, 대출이자 부담이 투자자를 압박한다. 지금이야말로 단순히 '어디에 살 것인가'가 아니라 '어디에 사람과 돈이 들어오는가'를 살펴야 할 때다. 임대시장의 현실을 정확히 아는 것이, 성공 투자의 첫걸음이다.

영끌 투자,
절대로
하지 마라

07

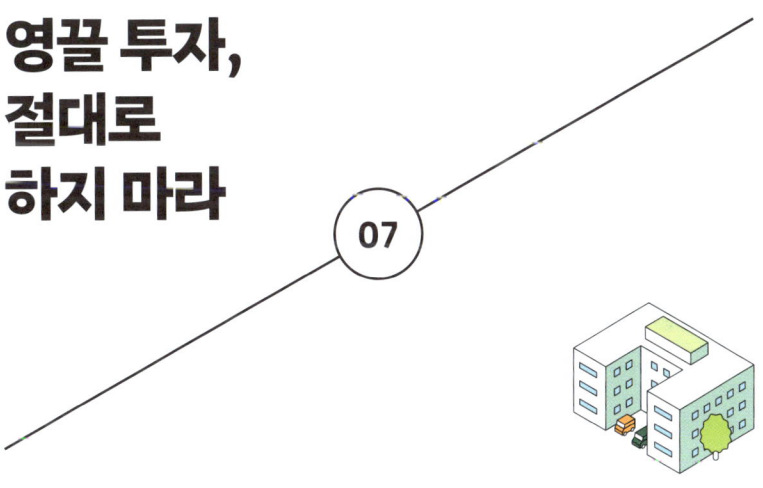

많은 사람들이 '건물주'가 되는 순간 인생이 바뀔 거라 생각한다. 하지만 현장에서 필자가 만난 건물주 중 상당수는 이미 그 순간부터 버티는 싸움을 하고 있었다. 빌딩 투자는 '건물주가 되는 것'이 목표가 되는 순간, 가장 위험해진다. 빌딩 투자로 살아남기 위해서는 최소한 다음의 3가지를 반드시 기억해야 한다.

첫째, 부동산의 본질을 봐야 한다. '건물주'라는 타이틀이 목표가 아니라 좋은 건물을 고르는 눈이 먼저다. 소액으로 투자할 수 있다는 말만 믿고 외곽의 싼 건물에 투자하면 매각도 어렵고 자금도 묶인다. 그 순간부터 투자는 자산이 아니라 짐이 된다.

둘째, 최악의 상황을 가정해야 한다. 건물이 전부 비었을 때에도 6개월 이상 이자를 감당할 수 있는지 반드시 점검해야 한다. 이 질문에 확신 있게 '그렇다'고 답할 수 없다면, 아직 투자할 시기가 아니다.

셋째, 변수를 대비해야 한다. 수리비, 공실, 금리 인상 같은 예상치 못한 비용을 감당할 여력이 있어야 한다. 빌딩 투자는 결국 '현금흐름의 싸움'이다.

/ 영끌 투자의 함정 /

요즘 주변에서 '영끌족'이라는 말이 자주 들린다. '영혼까지 끌어모아 산다'는 뜻으로, 자기자본을 최소화하고 대출로만 건물을 매입하는 투자자들을 말한다. 겉보기엔 '적은 돈으로 건물을 샀다' '남의 돈으로 돈을 번다'는 말이 매력적으로 들리기도 하지만, 현실은 그리 멋지지 않다. 풀(Full) 대출은 투자라기보다 도박에 가깝기 때문이다.

많은 사람들이 '건물은 월세로 이자를 감당하면 되니까 괜찮다'고 생각한다. 하지만 그 계산은 늘 '만실'을 전제로 한 착각이다. 현실의 임대시장은 그렇게 만만하지 않다. 공실은 언제든 생길 수 있다. 건물이 항상 꽉 차 있을 거라는 가정은 정말 위험한 생각이다. 예를 들어보자. 대출이자만 매달 500만 원인데, 공실이 생기면 그 돈은 전부 본인이 메워야 한다. 이런 상황이 몇 달만 이어져도 현금흐름은 급격히 무너진다. 그래서 실제로 이자 부담 때문에 투잡을 뛰는 건물주도 많다. 건물주라는 이름은 멋있지만, 현실은 '이자 내기 위해 일하는 사람'이 되는 것이다.

여기에 금리 리스크가 더해지면 상황은 더 심각해진다. 처음엔 고정금리로 받았더라도, 만기 연장 시 신용상태가 나쁘면 금리가 급등

한다. 심한 경우 은행에서 '일부 상환하세요'라는 통보를 받기도 한다. 그 순간부터 자금줄이 막히고, 결국 매매가 이하로 급매를 내놓는 일도 발생한다. 2022년 하반기 금리가 급등했을 때 대출을 받았던 투자자들은 이런 상황을 체감했을 것이다. 대출에는 '영원히 안전한 시기'가 없다. 항상 최악의 상황을 가정해야 한다.

/ 감당할 수 있는 대출만 받아야 한다 /

대출은 '얼마나 빌릴 수 있느냐'가 아니라 '내가 감당할 수 있느냐'가 기준이 되어야 한다. 필자가 생각하는 안전한 대출비율은 매매가 대비 30~50% 수준이다. 그 이상은 본업이나 다른 수익으로 이자를 충분히 감당할 수 있을 때만 고려해야 한다.

SNS나 유튜브를 보다 보면 '무피(현금 없이)로 건물 산다' '갭으로 월세 받는다' 같은 콘텐츠가 넘쳐난다. 무피로 건물주가 될 수 있다며 고액 강의를 유도한다. 이런 광고성 콘텐츠의 대부분은 강의를 팔기 위한 것이다. 실제 현장에서 보면 무피나 풀 대출은 현실적으로 불가능하다. 은행은 바보가 아니다. 다른 담보나 대출상환 능력이 되지 않는 사람에게 풀 대출을 해줄 리 만무하다. 만약 담보가 있고, 상환능력이 있어 풀 대출을 받는다고 해도 대출은 투자의 도구여야 하지, 도박 자금이 되어서는 안 된다.

감당할 수 없는 영끌 투자는 단 한 번의 금리 인상, 한 번의 공실로 무너질 수 있다. 빌딩 투자는 단단한 기초 위에 세워져야 한다. 무리하지 않는 대출만이 가장 확실한 안전장치다.

공동투자,
세상에
공짜는 없다

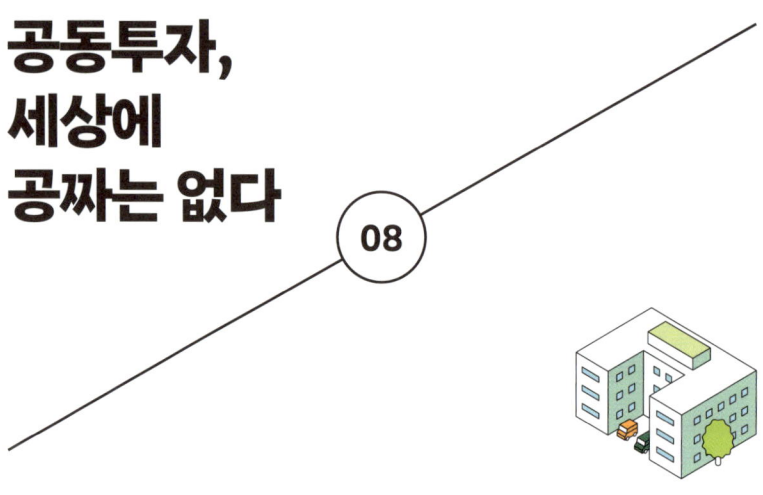

08

요즘 '소액으로도 빌딩을 살 수 있다'는 말에 혹해 '공투(공동투자)'를 시작하는 사람들이 많다. 몇천만 원, 많게는 1억 원 정도만 투자하면 '건물주'가 될 수 있다는 말은 충분히 매력적으로 들린다. 게다가 전문가가 좋은 매물을 골라주고, 개발도 대신해 주고, 리모델링과 임대까지 맡아서 관리해 준다고 하니 처음 빌딩을 접하는 투자자나 자금이 많지 않은 사람일수록 공투의 달콤한 제안에 쉽게 끌린다. 하지만 필자가 현장에서 본 공동투자의 결말은 생각보다 훨씬 냉정했다.

세상에 공짜는 없다. 공동투자는 단기적으로 편해 보여도, 시간이 지나면 대부분 문제가 생긴다. 그건 확률의 문제가 아니라 구조의 문제 때문이다.

/ 공동투자의 심각한 문제점 /

처음엔 다 좋아 보인다. 소액으로 큰 빌딩의 일부를 소유하고, 전문가가 대신 관리해 준다니 믿음이 간다. 하지만 시간이 지나 의사결정이 필요한 순간이 오면 문제가 드러난다. '누가, 어떤 기준으로, 어떻게 결정하느냐'를 두고 갈등이 시작된다. 아무리 계약서를 꼼꼼히 작성해도, 이해관계자가 많으면 분쟁은 피할 수 없다. 내 의지와 상관없이 내 돈을 누군가가 결정하는 구조가 되기 때문이다.

누군가는 빨리 팔고 싶어 하고, 누군가는 임대료를 더 올려 분배금을 늘리길 원한다. 자금 사정과 목표가 서로 다르니 생각이 엇갈릴 수밖에 없다. 이런 작은 차이가 쌓이면 서운함이 되고, 결국 갈등으로 번진다. 실제 사례를 보면 한쪽은 '돈이 급하니 지금 팔자'고 주장하고, 다른 한쪽은 '지금 팔면 손해'라며 반대하다가 매각 타이밍을 놓치고 시장이 꺾이는 경우가 많다. 결정은 결국 지분비율대로 이루어지는데, 주도권을 가진 쪽이 자기 이익대로 움직이는 순간 나머지는 따라갈 수밖에 없다. 즉, 내 돈이지만 내가 결정을 내릴 수 없다.

또 하나의 문제는 운영비용이다. 건물은 사두면 끝나는 자산이 아니다. 세금, 수리비, 리모델링, 공실 관리 등 지속적인 지출이 필요하다. 그런데 이런 추가비용이 생길 때마다 '이번 달은 좀 어렵다'는 사람이 꼭 생긴다. 그러면 결국 나머지 투자자들이 대신 부담해야 한다. 이런 일이 두세 번 반복되면 불신이 커지고, 돈 이야기가 나오는 순간 분위기는 급격히 얼어붙는다.

/ 공동투자의 구조적 위험 /

공동투자는 결국 사람 관계에 대한 투자다. 빌딩 관리보다 어려운 게 바로 사람 관리다. 돈을 함께 넣는다는 건 책임도 함께 지겠다는 것인데, 대부분 그 책임을 끝까지 지는 사람이 없다. 그래서 중간에 감정싸움이 생기고, 누가 주도권을 가지느냐를 놓고 분쟁이 시작된다.

공동투자의 가장 위험한 형태는 '공동명의로 매입'하는 경우다. 공동명의의 경우 매각이나 대출 실행 등 모든 의사결정에 전원의 동의가 필수다. 한 사람이라도 반대하면 아무것도 진행할 수 없다. 심지어 한 명이 연락이 끊기거나 해외에 있는 경우에는 아무것도 할 수 없다. 그 사이 시장이 변하고, 손해는 모두가 떠안는다.

또 다른 형태는 '법인 설립을 통한 공동투자'다. 같이 법인을 만든다는 건, 사실상 한 배를 탄다는 것이다. 겉보기엔 깔끔하고 체계적으로 보이지만, 실제로는 대표의 권한이 절대적이다. 대표가 내 의사와 다르게 매각을 추진하거나, 대출을 늘리거나, 회사 자금을 다른 곳에 쓸 수도 있다.

공투를 권하는 사람들은 "혼자 하기엔 부담되니까 같이 하자"고 말한다. 하지만 실제로는 '책임을 나누자'가 아니라 '리스크를 떠넘기자'인 경우가 대부분이다. 결국 남는 건 감정싸움, 소송, 원망뿐이다.

/ 빌딩 투자는 내 결정과 책임이 우선이다 /

남의 돈이 섞이는 순간부터 그 돈은 내 돈이 아니다. 빌딩 투자를 포함해 모든 투자는 혼자 하는 게 가장 안전하다. 내가 결정하고, 내가 책임지고, 내가 감당하는 구조가 결국 오래 간다. 물론 혼자 하면 느릴 수 있다. 하지만 내 속도대로 갈 수 있고, 실수도 내가 통제할 수 있다.

공동투자는 빠르게 가는 깃 같지만, 결국은 복잡하게 끝난다. 대부분은 싸움으로, 몇몇은 소송으로, 그리고 후회로 마무리된다. 빌딩 투자는 느리더라도 '내 결정'으로, '내 책임'으로 가는 게 정답이다. 그 길만이 진짜 '건물주'로 가는 길이다.

2장

빌딩 건물주가
되는 길

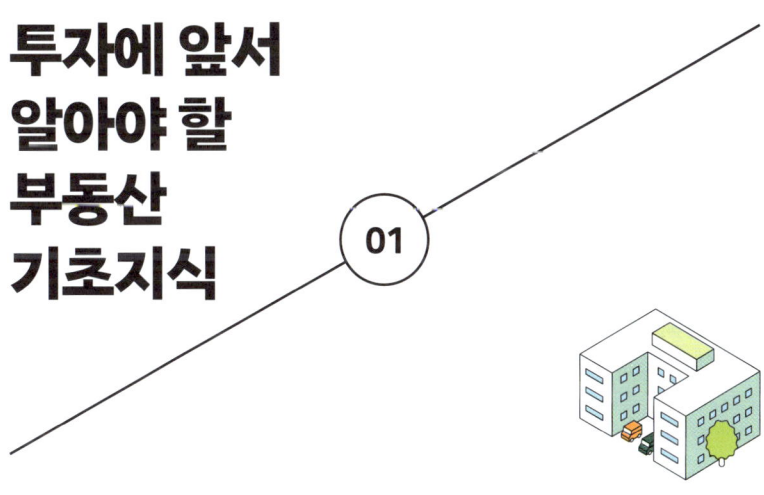

투자에 앞서 알아야 할 부동산 기초지식

01

빌딩 투자를 시작하려면 먼저 부동산의 기초개념부터 확실히 이해해야 한다. 대지면적, 건축면적, 연면적, 건폐율과 용적률, 그리고 임대수익률 계산법 정도는 빌딩 투자에 있어서 '기본 중의 기본'이다. 이 개념을 제대로 알아야 건물의 가치를 정확히 판단할 수 있기 때문이다.

/ 대지면적, 토지면적 /

'대지(垈地)'란 개별 필지로 구획된 토지로, 토지 안에서 건축물을 실제 지을 수 있는 범위를 '대지면적'이라고 한다. 그리고 '토지면적'은 말 그대로 땅의 면적을 말한다. 우리가 흔히 '평당 얼마'라고 말할 때 기준이 되는 것이 바로 이 토지면적이다. 토지, 건물에 대한 면적은 공식적으로는 m^2(제곱미터) 단위를 사용하지만, 부동산 업계에서는 여전히 평(1평 = 3.3m^2) 단위를 더 많이 쓴다. 예를 들어 100m^2짜리 대지라면 약 30평 정도가 된다. 따라서 '평당 5,000만 원'이라고 하면 100m^2 땅의 가격은 약 15억 원 정도로 계산된다.

/ 건축면적 /

'건축면적'은 건물의 외벽이나 기둥 중심선을 기준으로 지면에 수평으로 투영한 면적이다. 쉽게 말해 1층의 바닥면적 또는 면적이 가장 넓은 1개 층의 면적이 이에 해당된다. 보통 건물이 여러 층이라도 1층이 가장 넓기 때문에 1층의 면적을 건축면적으로 보는 경우가 많다.

/ 연면적 /

'연면적'은 건물 전체 모든 층(지하 포함)의 바닥면적을 합한 것이다. 즉, 지상층뿐만 아니라 지하층과 주차장 시설 등 건물이 실제로 사용할 수 있는 전체 공간의 크기다.

많은 초보 투자자들이 대지면적만 보고 가격을 판단하지만, 사실 건물의 가치는 연면적에 따라 달라진다. 같은 대지라도 연면적이 넓은 건물일수록 더 많은 임대공간을 확보할 수 있기 때문이다. 특히 일정 규모 이상의 중대형 빌딩은 대지면적당 가격보다 연면적당 가격으로 평가되는 경우가 많다. 연면적에 따라 바로 옆에 있는 건물과 가치가 다를 수 있기 때문이다. 그래서 매물을 볼 때는 반드시 '대지면적'뿐만 아니라 '연면적'도 함께 확인해야 한다.

건축면적과 연면적

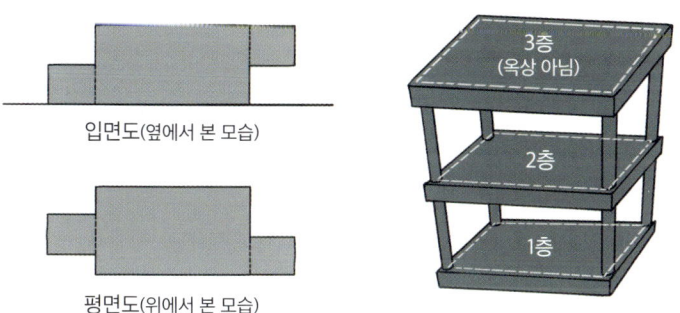

건축면적
평면도로 본 모습(건축물외 대지 전유면적)

연면적
1층 바닥면적 + 2층 바닥면적 + 3층 바닥면적

입면도(옆에서 본 모습)

평면도(위에서 본 모습)

/ 건폐율, 용적률 /

'건폐율'은 대지면적 대비 건축면적의 비율을 말한다. 즉, 건물이 땅 위에 얼마나 넓게 퍼져 있는가를 나타내는 지표다. 예를 들어 대지 100평에 건폐율이 60%라면 건축면적은 60평까지 가능하다. '용적률'은 대지면적 대비 지상층 연면적의 비율이다. 즉, 건물이 땅 위로 얼마나 높이 올라가는가를 나타낸다. 건폐율과 용적률이 높을수록 건물의 규모도 크게 지을 수 있는데, 건폐율이 높을수록 건물이 가로로 넓고, 용적률이 높을수록 세로로 높아진다.

이런 건폐율과 용적률은 용도지역마다 해당 지역의 조례로 정하고 있는데, 많은 용도지역이 있지만 서울시 기준으로 1, 2, 3종 일반주거지역, 준주거지역, 준공업지역, 일반상업지역 6개 지역만 알고 있으면 빌딩 투자를 하는 데 큰 문제는 없다. 우리가 투자하는 빌딩(꼬마빌

건폐율과 용적률

건폐율
해당 대지면적에 건물이 얼마나
땅을 덮고 있는가의 비율

$$건폐율 = \frac{건축면적}{대지면적} \times 100$$

용적률
건물을 쌓아 올릴 수 있는 비율

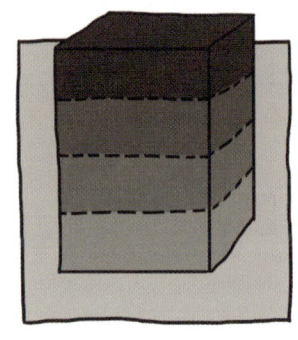

$$용적률 = \frac{각층 바닥면적의 합계}{대지면적} \times 100$$

딩)의 경우는 대부분 1, 2, 3종 일반주거지역인데, 서울시 기준 1종과 2종의 건폐율은 60%이고, 3종만 50%이다. 3종이 2종보다 건폐율은 10% 더 작기 때문에 상층까지 임대가 잘 안 되는 지역이라면 차라리 건폐율이 10% 높은 2종이 더 좋을 수도 있다.

용적률의 경우 1종 일반주거지역은 150%이고, 2종과 3종은 각각 200%, 250%인데, 2028년까지 한시적으로 250%와 300%로 상향 조정되었다. 준주거지역과 준공업지역은 400%, 일반상업지역은 800%(4대문 안은 600%)이다.

보통 건폐율이 낮고 용적률이 높은 지역일수록 건물을 높이 지을 수 있다. 따라서 신축이나 리모델링을 고려할 때 해당 지역의 건폐

서울시 건폐율, 용적률 조례(지역마다 다름)

지역 (법)	세분(시행령)	용적률	건폐율	지정목적
주거 지역	제1종 전용주거지역	100%	50%	단독주택 중심의 양호한 주거환경 보호
	제2종 전용주거지역	120%	40%	공동주택 중심의 양호한 주거환경 보호
	제1종 일반주거지역	150%	60%	저층 주택 중심의 주거환경 조성(4층 이하)
	제2종 일반주거지역	200% (250%)	60%	중층 주택 중심의 주거환경 조성(15층 이하)
	제3종 일반주거지역	250% (300%)	50%	중·고층 주택 중심의 주거환경 조성(층수 제한 없음)
	준주거지역	400%	60%	주거기능에 상업 및 업무기능 보완
상업 지역	중심상업	1,000% (800%)	60%	도심·부도심의 상업·업무기능 확충
	일반상업	800% (600%)		일반적인 상업 및 업무기능 담당
	근린상업	600% (500%)		근린지역의 일용품 및 서비스 공급
	유통상업	600% (500%)		도시 내 및 지역간 유통기능의 증진

* 주거지역의 괄호는 2028년까지 일시 상향된 용적률
** 상업지역의 괄호는 4대문 안 용적률

율·용적률 조례를 반드시 확인해야 한다. 또한 같은 용도지역이라도 오래전에 지은 건물의 경우는 현행 건축법에 따른 건폐율과 용적률보다 많이 받은 건물들이 있다. 일례로 종로 쪽에 가보면 건물들이 따닥따닥 붙어있는데, 예전에 지어진 이 건물들은 그 토지의 최대 효

율을 받은 건물이다 보니 주변 건물보다 더 넓고 높다. 이런 건물들은 신축을 하면 현행 건축법의 적용을 받아 규모가 줄어들기 때문에 리모델링을 하는 것이 훨씬 효율적이다. 이처럼 건폐율과 용적률의 이득을 본 건물은 주변 건물과 비교해 임대를 줄 수 있는 공간이 넓기 때문에 임대수익도 주변 건물보다 높은 편이다.

이 점을 염두에 두고 건폐율과 용적률에서 이득을 본 건물들을 잘 찾아볼 필요가 있다.

/ 임대수익, 연수익률 /

빌딩을 매입하려는 투자자들 중에는 의외로 건물의 연수익률을 계산하지 못하는 분들이 많다. 단순히 매물보고서나 공인중개사가 알려주는 수익률에만 의존하여 판단한다. 하지만 이런 데이터는 생각보다 오류가 많이 존재하고 수익률을 부풀리기 위해 악의적으로 조작하는 경우도 있기 때문에 빌딩 투자뿐만 아니라 다른 수익성 부동산에 투자할 때 기본적으로 임대수익률 정도는 직접 계산할 줄 알아야 한다.

대부분의 투자자들은 임대수익을 얻을 목적으로 빌딩에 투자하기 때문에 임대수익을 분석하는 것은 빌딩 투자의 기본이다. '임대수익'이란 건물의 임차인에게서 받은 임대료와 관리비(실제 관리비 지출을 제외하고 남은 순관리비) 수익을 말한다. 참고로 임대료에 포함된 10%의 부가가치세는 임대수익에 포함하지 않는다. 왜냐하면 부가가치세는 면세 항목(주택 등)을 제외한 소비행위에 대해 부과되는 세금으로,

임대인이 임차인에게서 부가가치세를 별도로 받아 대신 신고·납부를 하는 것이기 때문이다. 그래서 임대료에서 부가가치세가 별도인지를 사전에 꼭 확인해야 한다.

임대수익은 투자원금에 대비해서 연수익률로 계산하는데, 연수익률은 다음과 같이 계산한다. 연수익률 계산방법은 임대수익이 발생하는 모든 수익형 부동산에 적용되기 때문에 필수적으로 알아두어야 한다.

$$연수익률 = 월\ 임대료 \times 12 / 투자원금(매매가 - 보증금) \times 100$$

예를 들어 매매가 20억 원, 보증금 1억 원, 월 임대료 500만 원이라면 연수익률은 약 3.1%이다.

연수익률을 계산할 때 주의할 점은 대출금을 포함하지 않는다는 점이다. 대출금을 포함하면 금리에 따라 수익률이 달라지기 때문에 건물에 대한 실질적인 수익률 판단이 어려워진다. 일부에서는 수익률의 숫자를 높이기 위해 대출금을 포함하거나 심지어 부가가치세까지 포함하기도 한다. 그래서 빌딩을 매입하기 전에는 연수익률이 어떻게 산정되었는지 본인이 직접 확인할 필요가 있다.

이렇게 계산한 연수익률은 향후 빌딩을 매각할 때 아주 중요한 역할을 한다. 빌딩은 투자지역마다 사람들이 원하는 수익률(요구수익률)이 다른데, 예를 들어 2025년 기준으로 강남의 요구수익률은 2~3%,

그 외 서울 지역은 많게는 4% 수준까지 형성되었다. 요구수익률이 다른 이유는 지역마다 향후 시세차익과 환금성, 안정성 등에 대한 기대가 다르기 때문이다. 그렇다 보니 비정상적으로 갑자기 시세가 올라간 곳은 요구수익률이 현저히 낮게 형성되기도 한다.

건물은 기본적으로 임대수익이 받쳐줘야 가치를 인정받을 수 있다. 지금 당장 임대수익이 나오지 않더라도 공실을 줄일 수 있는 구조 개선, 임대료 현실화, 리모델링이나 신축을 통해 수익을 개선할 수 있는 여지가 있어야 한다. 이런 개선점도 없이 단순히 땅값 상승만 기대하는 투자는 위험성이 크다.

현장에 가기 전 꼭 필요한 공적장부 분석

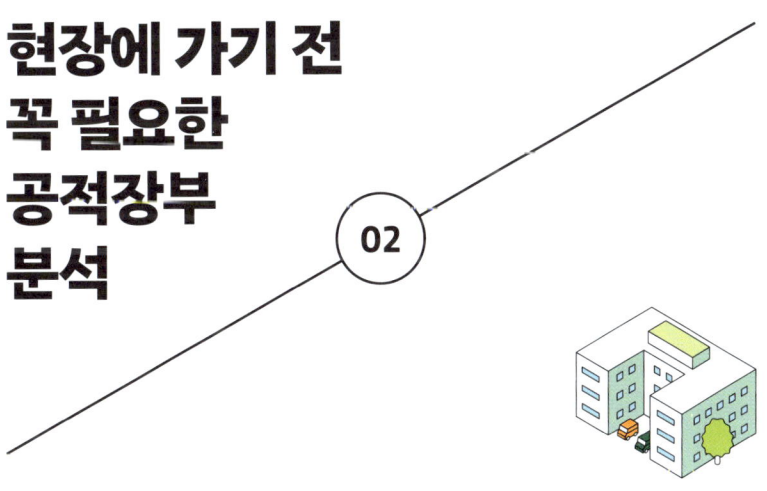

02

부동산 현장 답사를 갈 때 반드시 챙겨야 할 서류로는 '등기사항 전부증명서' '건축물대장' '토지이용계획서'가 있다. 이 세 가지 공적 장부는 답사를 가기 전에 미리 분석하고, 현장에서 실제 건물과 서류 내용이 일치하는지 꼭 대조해야 한다.

등기사항전부증명서(예전 명칭은 등기부등본)는 인터넷 등기소에서 출력이 가능하고, 건축물대장과 토지이용계획서는 정부24에서 출력 이 가능하다.

/ 등기사항전부증명서 /

등기사항전부증명서에는 소유권에 대한 사항(갑구)과 소유권 이외 의 권리에 대한 사항(을구)이 들어 있다. 쉽게 말해 현재 소유자가 누

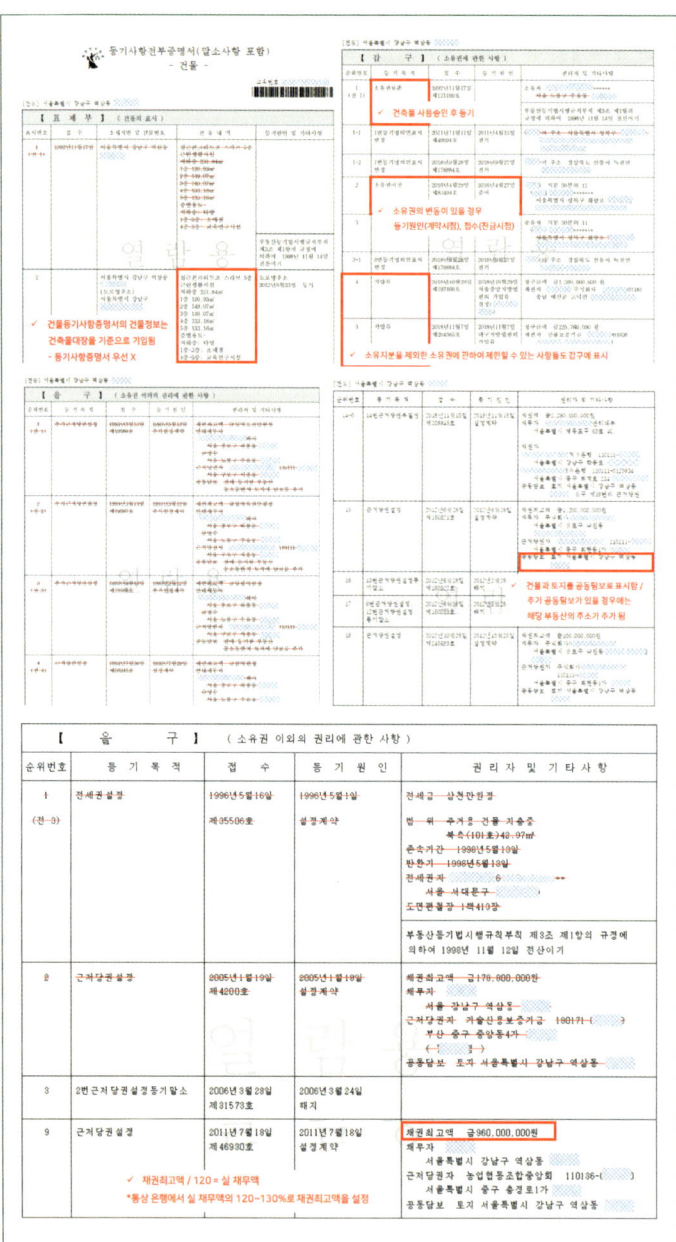

구이고, 언제 얼마에 매입했는지를 확인할 수 있다. 특히 실거래가 신고가 의무화된 2006년 이후에는 실제 매입한 금액까지 등기사항 전부증명서에서 확인할 수 있다.

또 근저당·가압류 등 현재 소유자의 대출 및 권리설정 현황도 파악할 수 있어 매도인의 자금 사정이나 매각 의도를 어느 정도 짐작하는 데 유용하다. 이를 근거로 협상 과정에서 근거 있는 질문을 던질 수 있는 무기이기도 하다.

그리고 매도인이 진짜 소유자인지도 확인해야 한다. 건물주인 것처럼 속여 서류를 조작해 계약금만 받고 도망가는 사람들이 있기 때문이다. 계약을 할 때 대리인이 나왔다면 위임장, 매도인의 인감증명서, 대리인 신분증은 물론, 실제 건물주와 직접 통화해 매각 여부를 확인하고 대화 내용은 녹음하는 것이 좋다. 참고로 부부라 해도 부동산 매매는 '일상가사대리권'이 적용되지 않으므로 이러한 절차를 생략하면 안 된다. 간혹 배우자 몰래 매각을 하려는 경우도 있기 때문이다. 공동명의로 소유하고 있는 경우 합의서를 작성한 경우가 아니라면 원칙적으로 지분별로 나눠서 돈을 송금하는 것이 맞다. 특히 공동명의 건물은 이해관계가 복잡해 분쟁 가능성이 높으므로 대금 지급 절차에 더더욱 신중해야 한다.

/ 건축물대장 /

건축물대장은 용도, 면적, 구조, 주차대수, 불법건축물 이력 등을 볼 수 있는 건물의 '신분증'이다. 이를 통해 대지면적과 연면적, 건축행위(대수선 등)의 내용, 위반건축물 유무 등을 확인할 수 있다. 만약 등기사항전부증명서의 면적과 건축물대장의 면적이 다를 경우에는 건축물대장 면적을 기준으로 한다.

건축물대장을 볼 때는 가장 먼저 대지면적과 연면적을 확인해야 하는데, 이때 토지대장도 함께 비교해 봐야 한다. 건축물대장상의 대지면적과 토지대장의 면적이 도로 확보 등으로 인해 다를 수 있기 때문이다. 예를 들어 대지가 $165m^2$(50평)인 줄 알고 매입했는데, 실제 건축물에 사용할 수 있는 대지가 $155m^2$(47평)라면 이 경우는 차량이 진입할 수 있는 도로를 확보하기 위해 대지 일부분을 도로로 내줬을 확률이 높다. 이 경우 실제로 건축하는 데 반영되는 면적은 건축물대장상의 면적이다.

'건축물현황'에는 각층의 면적과 용도가 기재되어 있는데, 답사를 갔을 때 층마다 실제 면적과 사용 용도가 맞는지 확인해야 한다. 물론 실제 면적을 측정하긴 어렵겠지만, 일조권 사선 제한 때문에 4층 이상부터는 건축면적이 작아져 있어야 하는데, 이 부분을 아래층과 똑같이 만들어 불법으로 사용하는 경우가 종종 있기 때문에 답사 시 직접 육안으로 확인해야 한다. 그리고 용도가 근린생활시설로 되어 있는데, 실제로 가서 보니 방을 쪼개서 원룸으로 임대를 주고 있는 경우도 있다. 이 경우 지금은 위반건축물 적발이 안 되었더라도 언제든지 걸리면 시정조치를 받을 수 있기 때문에 매입에 앞서 주의해야 한다. 만약 현황도면(평면도)을 받을 수 있다면 도면을 토대로 위반건축물 여부를 파악해 볼 수도 있다.

또 하나 유심히 봐야 할 것은 '주차대수'이다. 유동인구가 많은 상권의 경우 주차장을 상가로 사용하다 위반건축물로 등재되어 이행강제금을 계속 납부하는 건물이 있는가 하면, 아직 적발이 되지 않은 건물도 많기 때문에 현장에서 건축물대장의 주차대수와 실제 주차대수가 일치하는지도 확인해야 한다.

마지막 페이지에 있는 변동사항도 꼼꼼히 확인해야 한다. 여기에는 건물의 용도변경 날짜와 내용, 위반건축물 적발 시기와 내용, 대수선한 날짜 등 건축물의 변동사항 내용이 모두 기재되어 있다. 특히 위반건축물 적발 내용이 있는 경우 시정된 게 맞는지 다시 한번 확인할 필요가 있다. 해제되긴 했으나 다시 불법으로 쓰는 경우가 많기 때문이다.

/ 토지이용계획서 /

토지이용계획서도 꼼꼼히 살펴봐야 한다. 토지의 가치를 확인할 수 있는 가장 중요한 서류이며, 해당 토지의 정확한 모양과 용도지역, 국토이용계획에 관한 법률 등을 확인할 수 있다. 쉽게 설명하면 마치 토지사용설명서처럼 이 토지를 이용할 때 적용되는 내용들이 기재되어 있다.

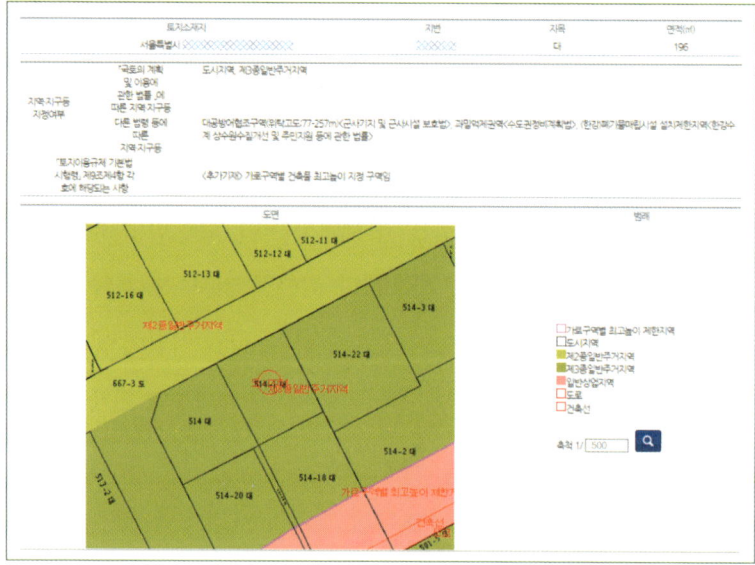

토지이용계획서에서는 용도지역(1종, 2종, 3종 일반주거지역, 일반상업, 준주거지역 등), 지구단위계획구역, 정비구역, 재정비촉진지구, 미관지구, 절대·상대보호구역 등 확인해야 할 부분이 많다. 용도지역을 통해 해당 토지의 건폐율과 용적률을 확인해야 하고, 지구단위계획은 해당 토지가 단독 개발이 가능한지와 용도는 어떤 용도로 사용

이 가능한지 등 지구단위계획 결정도를 해당 구청 사이트에서 다운 받아 자세히 확인해 봐야 한다. 이때 정비구역이나 재정비촉진지구로 되어 있는 경우 그 일대가 개발이 예상되어 있어 건축행위가 불가능할 수도 있으니 사전에 반드시 확인해야 한다. 또 해당 구청 도시계획과에 문의해 업종 제한, 건축 가능 여부 등도 확인해 봐야 한다.

예를 들어 건물을 매입했는데 옆의 건물과 공동개발로 지정되어 있어 개발이 불가능한 경우도 있고, 정비구역 등으로 땅이 수용되는 경우도 있으며, 도로 확보를 위해 일정 부분 땅을 내주게 되어 있는 경우 실제 사용면적이 줄어들 수도 있다. 따라서 지금 건물이 화려하고 임대수익이 많이 나온다고 해도 땅의 가치가 확실하지 않으면 투자를 하지 않는 것이 맞다. 확실한 곳에 투자해도 부족한 상황에 아무것도 할 수 없는 건물에 투자할 필요가 뭐가 있겠는가?

이처럼 빌딩 투자에 앞서 반드시 공적장부 3종을 교차 검증하고, 현장 실사로 서류와 실제 건물을 꼼꼼히 비교한 후 의사결정을 내려야 한다. 이 기본만 지켜도 큰 실수는 대부분 피할 수 있다.

A급 빌딩의
3가지 기준

03

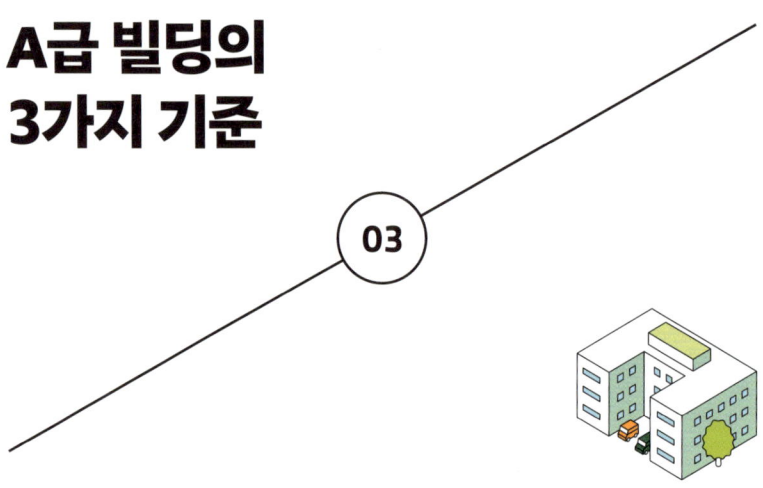

빌딩을 검토할 때 많은 투자자들이 건물의 외관이나 현재 수익률에만 집중하지만, 사실 빌딩 투자의 본질은 '땅의 가치'와 '환금성' '도로 접근성'에 있다. 이 조건이 충족된 다음에 건물의 상태, 임대수익, 매매가격 등을 검토하는 것이 좋다. 필자가 생각하는 A급 빌딩의 기준은 다음과 같다.

첫째, 환금성이 높은 지역에 있는 건물일 것

둘째, 땅의 가치가 높은 곳에 위치할 것

셋째, 도로 접근성이 좋은 건물일 것

높은 환금성   땅의 가치   도로 접근성

/ 환금성이 높은 지역에 있는 건물일 것 /

'환금성'은 빌딩 투자에서 가장 중요한 요소 중 하나다. 아무리 수익률이 좋아도, 나중에 팔리지 않으면 의미가 없다. 매매 수요가 꾸준한 지역, 즉 환금성이 높은 곳일수록 시세차익을 얻을 확률이 높고, 시장 변동에도 안정적으로 거래가 된다.

/ 땅의 가치가 높은 곳에 위치할 것 /

또한 대지의 위치와 용도지역에 따라 땅의 가치가 달라진다. 현재의 건물 상태보다 중요한 건 '그 땅이 앞으로 어떤 건물로 재탄생할 수 있느냐'다. 노후된 건물이라도 신축이나 증축이 가능하다면 그 가능성 자체가 가치가 된다. 그래서 매입 전에는 반드시 해당 부지의 용도지역·건폐율·용적률을 확인하고, 신축·증축이 가능한지 검토해야 한다.

/ 도로 접근성이 좋은 건물일 것 /

마지막으로 중요한 것은 '도로 조건'이다. 어떤 도로를 접하느냐에 따라 상권의 활발함, 공실률, 환금성이 크게 달라진다. 도로 조건

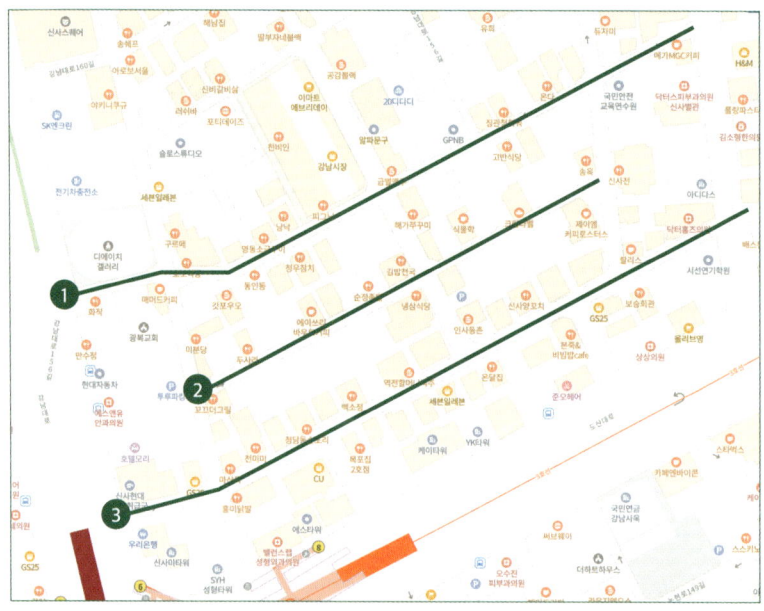

은 단순히 접근 편의성의 문제가 아니라 상권의 생명력과 직결된다.

그럼 사례를 하나 살펴보자. 위의 지도에서 1, 2, 3번 중 어디가 가장 상권이 활발할까? 정답은 3번이다. 대로변에서 바로 연결되는 넓은 이면도로가 가장 좋은 도로이다. 대로변에서 차가 쉽게 진입할 수 있고, 유동인구가 자연스럽게 흘러들어오기 때문에 이 도로가 가장 상권이 활발하다.

그럼, 1번과 2번 중에는 어디가 더 좋을까? 힌트를 얻었겠지만 1번 도로다. 1번은 도로가 6m이고, 2번은 차 한 대가 겨우 지나갈 만한 4m 도로이다. 도로 넓이도 그렇고 1번은 대로변에서 연결되어 있어 바로 진입이 가능하기 때문에 2번보다 상권이 더 활발하다. 2번 도로는 대로에서 진입도 힘들고 도로도 좁아 차로 이동하기가 어려워 사람들이 찾아오기 힘들다. 1, 3번 도로의 상권이 활발하게 형성된 것에 반해 2번 도로는 대로변 바로 앞인데도 아직까지 주기시설이 많이 있다.

이 사례에서 알 수 있듯이, 건물을 볼 때는 단순히 건물만 보지 말고 도로의 흐름까지 봐야 한다. 내가 상권의 소비자라면 '나는 어느 길로 이동하고, 어디로 발길을 돌릴까?' 이 질문을 던져보면 된다. 그 답이 바로 상권의 방향과 건물의 가치를 알려주는 가장 확실한 기준이다.

A급 빌딩을 찾는
3가지 방법

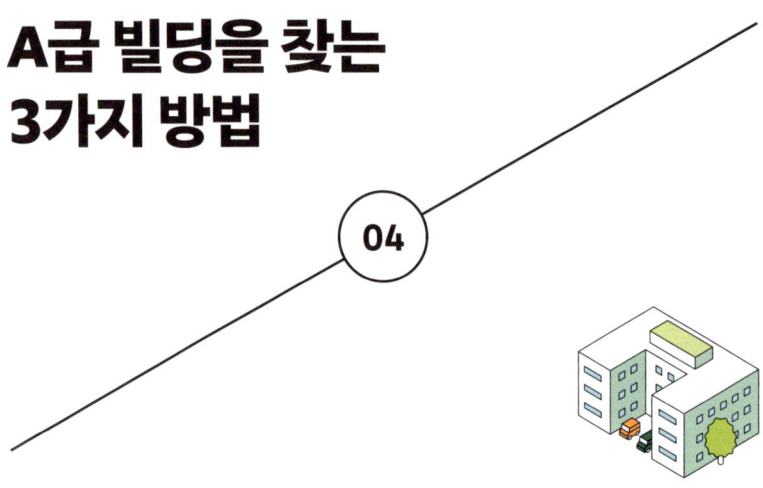

04

많은 사람들이 '좋은 빌딩은 어떻게 찾느냐'고 묻는다. 하지만 실제 시장에서 A급 빌딩은 '찾으려고 해서' 발견되는 게 아니다. 어디를 봐야 하는지, 언제 움직여야 하는지를 아는 사람에게만 보인다. 실전에서 A급 빌딩을 찾는 방법을 알아보자.

광고 매물보다 '현장 매물'에 집중하라

좋은 빌딩은 광고하지 않는다. 이 말이 진실이다. 신문, 포털 사이트, 부동산 플랫폼에 올라오는 '고수익 꼬마빌딩' '수익률 10% 보장' 같은 문구는 대부분 광고성 미끼 매물이다. 진짜 A급 매물은 그런 방식으로 시장에 나오지 않는다. 실제로 이런 광고를 보고 전화를 걸어보면 "자세한 건 방문 상담하시면 알려드린다"는 말을 듣게 된다. 하지만 직접 방문해 보면 광고에 나온 매물은 이미 매각되었거나 존재하지 않는다. 그리고 곧이어 "비슷한 조건의 더 좋은 매물이 있다"며 다른 매물을 권한다. 즉, 이런 과정 자체가 고객 확보용 세일즈 전략인 것이다.

빌딩은 아파트 매물과 다르게 대지면적, 연면적, 층수, 준공연도, 임차인 등 몇 가지 정보만 알면 어떤 빌딩인지 쉽게 찾을 수 있다. 그래서 좋은 매물은 이런 광고를 하지 않아도 중개사들의 고객 리스트 내에서 계약되는 경우가 대부분이다. 입장을 바꿔 생각해도 매물 유출 우려가 있는데, 일부러 광고까지 할 필요가 있겠는가? A급 매물이 시장에 나오자마자 조용히 사라지는 이유다.

/ 시장을 직접 보고 느껴라 /

빌딩 투자는 '건물'을 사는 것이 아니라 '상권의 미래'를 사는 일이다. 같은 지역이라도 블록에 따라 땅값, 유동인구, 업종 구성, 공실률이 완전히 다르다. 이는 지도·자료·온라인 분석만으로는 절대 알 수 없다.

그래서 지도로 보기보다는 발로 다니며 상권 변화를 체감해야 한다. 어떤 골목이 늘 사람으로 붐비는지, 어떤 건물이 왜 오랫동안 공실로 남아 있는지, 프랜차이즈보다 개인 창업자가 더 많은지, 상권의 중심이 어디로 이동하는지를 직접 눈으로 확인해야 한다. 시장의 온도는 데이터보다 항상 먼저 변하고, 그걸 읽어낼 수 있어야 A급 빌딩을 선점할 수 있다.

/ 관계를 관리하라 /

그렇다면 이런 A급 매물은 언제, 왜 시장에 나올까? 의외로 대부분은 건물주의 사정이 생겼기 때문이다. 건물주의 건강 악화로 관리가 어려워졌거나, 공실이 길어져 대출이자를 감당하지 못하거나, 상속세 등으로 급매가 필요한 경우 등이다.

이런 사연이 있다 보니 시장에 풀리지 않고 가까운 중개사들만 아는 경우가 대부분이다. 그리고 파는 이유가 명확하다 보니 협상 여지도 있고, 조건 조정도 가능한 경우가 많다. 그래서 현장을 자주 다니며 중개사들과 얼굴을 트고, 꾸준히 관계를 유지하는 것이 중요하다. 결국 좋은 매물이 나왔을 때 가장 먼저 연락을 받는 사람이 되는 것이 핵심이다.

A급 빌딩은 운이 아니라 준비된 사람에게만 보인다. 그 기회는 언제나 현장을 알고, 시장을 읽고, 관계를 가진 사람에게 먼저 찾아온다.

매물이
시장에 나오는
진짜 이유

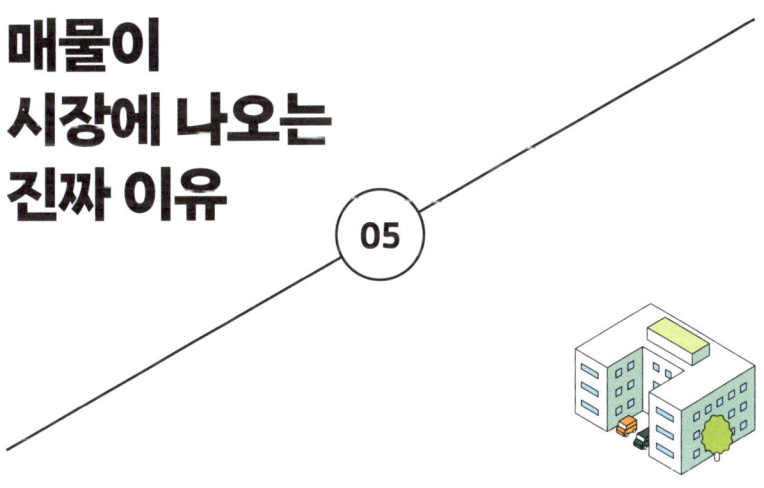

05

좋은 건물을 찾기 위해서는 공적장부를 통한 객관적인 분석뿐 아니라 '이 매물이 시장에 왜 나왔는가'를 주관적인 시각으로도 판단해야 한다. 즉, 매도자의 입장에서 생각해 보는 것이다. 내가 건물주라면 어떤 상황에서 건물을 팔까? 임대가 잘되고 시세가 오르는 알짜 건물이라면 굳이 팔 이유가 있을까?

실제로 매물로 나오는 건물은 팔아야 할 급한 이유가 있거나 팔 의사가 없는 상태에서 일단 내놓은 경우가 대부분이다. 필자가 보는 매물이 나오는 2가지 이유는 크게 다음과 같다.

/ 매물이 시장에 나오는 2가지 이유 /

첫째, '매각해야 할 직접적인 이유'가 있는 경우다. 이유는 다양하다. 자금난, 고령, 건강 악화, 건물 갈아타기, 관리 부담, 공유자 간 불화, 세금 문제 등 당장 현금이 필요하거나 건물을 보유하기 어려운 상황이다. 이런 경우는 실제로 '팔 의지'가 있는 매물이다. 가격 협상이 가능하고, 매수자 입장에서도 구체적인 협의가 빠르게 진행된다.

둘째, '그냥 내놓은 매물'이다. 의외로 이 경우가 꽤 많다. 좋은 위치의 빌딩을 가지고 있으면 부동산 중개업소에서 하루에도 수차례 전화를 받는다. 대부분 '매수자가 있다'는 말로 접근하지만 실제 매수자가 있는 경우는 드물다. 그저 매물을 확보하려는 목적일 뿐이다. 이렇게 연락이 잦다 보면 건물주 입장에서는 '비싸게만 주면 팔지'라는 생각으로 일단 내놓는 경우가 생긴다. 하지만 막상 계약을 진행하려 하면 '생각이 바뀌었다' '안 팔겠다'라며 철회하는 일이 많다. 결국 시간과 노력이 낭비되는 셈이다.

/ 등기사항전부증명서로 매각 이유 파악하기 /

매물이 나온 경우 매각 이유를 알아볼 수 있는 간단한 방법이 있다. 등기사항전부증명서를 통해 건물주의 현재 상황을 대략적으로 파악해 보는 것이다. 예를 들어 최근에 건물을 담보로 대출을 받았거나 압류가 들어와 있다면 지금 매도자의 자금 사정이 어려운 것일 수 있다. 보통은 계약일에 대출 확인을 위해 등기를 보는 경우가 대부분인데, 매물을 검토하는 단계에서 미리 확인하면 의외로 매도자가 건물을 파는 진짜 이유를 알 수도 있다. 이렇게 파는 이유를 알게 되면 협상에서 유리해질 수 있고, 시간과 노력을 허비하는 일도 없어진다.

빌딩 투자는
발품 파는 사람이
이긴다

06

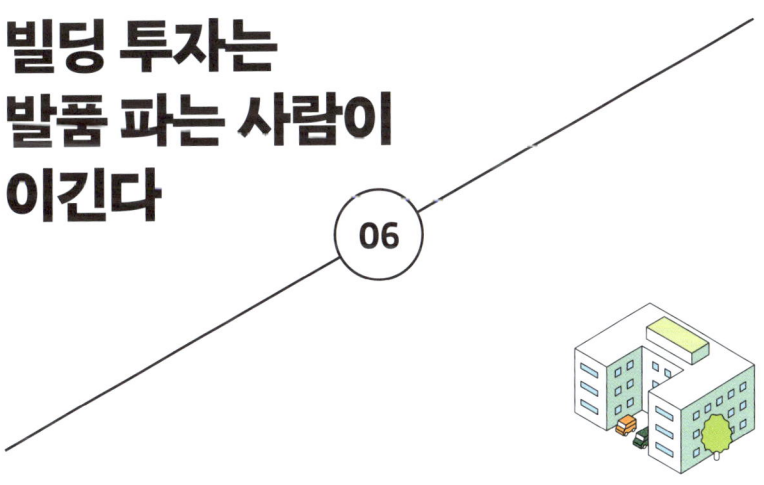

빌딩을 파는 이유를 알았다면 이제는 그 매물이 시장에서 어느 정도의 위치에 있는지 직접 확인해야 한다. 이때 포털사이트의 지도 메뉴에서 로드뷰를 활용하면 현장에 가지 않고도 건물의 외관과 도로 상황 등을 대략적으로 살펴볼 수 있다.

하지만 로드뷰로 보는 것과 실제 현장을 보는 것은 전혀 다르다. 로드뷰는 정지된 화면일 뿐 현장의 공기, 사람의 움직임, 상권의 분위기까지 보여주지 못한다. 현장 답사를 가보면 로드뷰에서는 볼 수 없던 건물의 노후상태, 불법 증축 여부, 공실 현황 등을 눈으로 직접 확인할 수 있다. 매물 정보지에는 '임대 완료'라고 적혀 있어도, 현장에서는 이미 비어 있는 경우도 적지 않다.

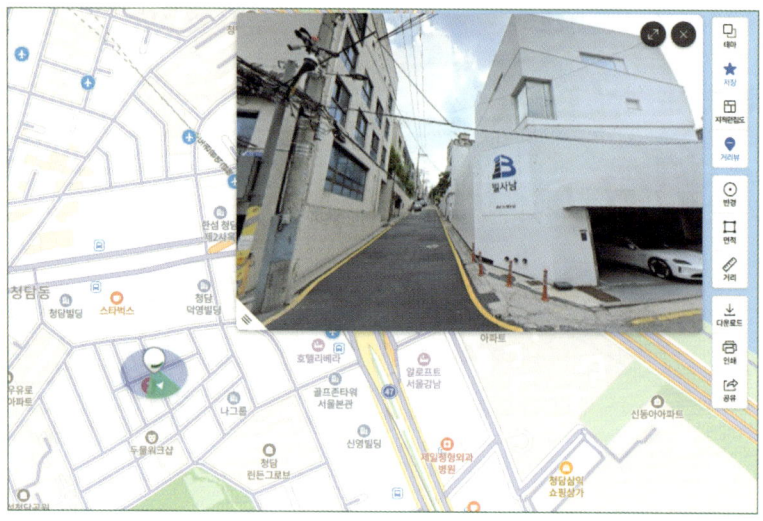

또 모니터로 본 건물과 실제 건물의 느낌은 전혀 다르기 때문에 거리의 유동인구, 인근 상가의 활기, 주변 환경까지 현장에서 직접 봐야만 제대로 파악할 수 있다. 빌딩은 단순히 수익률로만 판단하는 자산이 아니다. 입지와 접근성, 상권의 흐름은 반드시 눈으로 확인해야 한다. 로드뷰는 참고용으로만 활용하고, 최종 판단은 언제나 현장에서 직접 보고 내려야 한다. 현장에 가야 장단점을 볼 수 있고, 숨어 있는 보석도 발견할 수 있다. 꼭 직접 가서 보자. 현장에 답이 있다.

/ 현장 답사 시 확인해야 할 사항 /

현장 답사를 갈 때는 자동차보다 대중교통을 이용하는 것이 좋다. 차로 이동하면 도로 폭이나 보행자 동선, 유동인구의 흐름을 놓치기 쉽기 때문이다. 지하철역에서 내려 직접 걸으며 '이 거리를 지나는 사람은 어떤 사람들인가?' '사람들의 발길은 어느 방향으로 이어지는가?' 등을 관찰해야 한다.

가능하면 평일과 주말, 낮과 밤 등 최소 4번은 시차를 두고 방문해보자. 이렇게 시차를 두고 가보면 갈 때마다 건물이 새롭게 보일 것이다. 상권은 시간대에 따라 완전히 다른 얼굴을 보여준다. 일반적으로 상권은 주 5일 상권과 주 7일 상권이 있다. 예를 들어 역삼역 일대는 평일 낮엔 직장인으로 붐비지만 주말에는 한산한 주 5일 상권이고, 강남역은 주말에도 사람이 몰리는 주 7일 상권이다. 이처럼 상권에 따른 유동인구는 임대료와 빌딩 가격에 많은 영향을 미친다.

현장에 갔을 때는 주변의 매매 사례와 공실률, 유동인구와 그들의 연령대, 상권의 중심축과 이동 동선 등을 살펴봐야 한다. 가능하다면 인근 중개사무소에도 들러 중개사의 의견도 들어보는 것이 좋다. 다만 이때 주의할 점이 있다. 내가 특정 건물을 검토 중이라는 사실을 그대로 말하지 않는 것이다. 중개사 입장에서는 본인의 매물이 아닐 경우 부정적인 이야기를 하는 경우가 많기 때문이다. 그래서 건물 주소를 정확히 알려주기보다 비슷한 규모의 다른 건물을 이야기하거나 주변에 임대차를 구한다는 식으로 임대시세나 권리금 등 현장의 정보를 얻어내야 한다. 이렇게 모은 정보들이 쌓여야 시장이 보이기 시작한다.

지금 당장은 자금이 부족하더라도 꾸준히 관심을 가지고 현장을 다니다 보면 언젠가는 좋은 매물을 남들보다 먼저 만날 기회가 온다. 운이 좋으면 아파트를 살 정도의 돈으로 투자할 수 있는 건물을 만나기도 한다. 당연히 좋은 매물은 금방 사라진다. 그래서 꾸준히 발품을 파는 사람이 먼저 볼 확률이 높다. 꾸준히 보고, 걷고, 기록하다 보면 언젠가 그 노력의 결과가 눈앞에 나타날 것이다. '현장에 답이 있다.' 이 말은 언제나 진리다.

3건 이상의 매각 사례를 분석하라

07

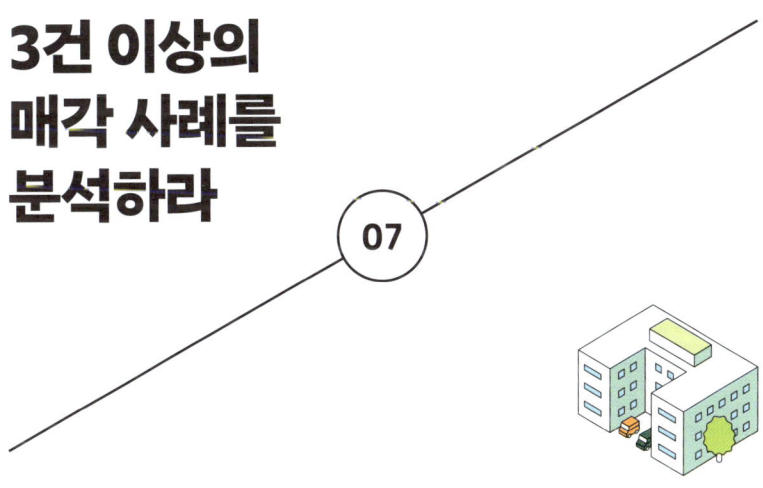

빌딩은 부동산 중에서도 규모가 크고 거래금액이 높기 때문에 공개된 정보를 얻기가 쉽지 않다. 그러다 보니 많은 투자자들이 중개사의 말에만 의존하게 되고, 그만큼 투자 위험도 커진다. 특히 초보 투자자일수록 거래 경험이 적기 때문에 수익률이나 건물 상태만 보고 판단하기 쉽다. 하지만 이렇게 해서는 절대 좋은 매물을 만날 수 없다.

중개사가 보여주는 매물만 보는 게 아니라, 최근 1년 동안 그 지역에서 어떤 건물이, 얼마에, 왜 매각되었는지 분석하는 습관을 가져야 한다. 즉, 주변의 매각 사례를 분석해 시장이 이미 내놓은 '정답'을 확인하는 것이다.

/ 매각 사례를 통해 안목을 키워라 /

빌딩 투자의 안목을 기르기 위해서는 주변에서 매각된 건물을 반드시 검토해 봐야 한다. 이때 가능하면 최소 3건 이상의 사례를 비교해 보는 것이 좋다. 매각에는 반드시 이유가 있기 때문이다. 한번 생각해 보자. 거금을 들여 매입한 빌딩을 아무 이유 없이 매각하겠는가?

특히 최근 1년 이내(핵심상권이라면 6개월 이내)에 거래된 건물들을 하나하나 직접 걸어 다니며 살펴보는 것이 가장 좋다. 이 건물들이 어떤 이유로 매각되었고, 그 후 어떤 변화를 겪었는지를 보면 현재 시장의 흐름과 투자 포인트를 자연스럽게 읽을 수 있다.

실제로 최근 매각된 건물들을 보면, 허름한 주택이 신축되어 멋진 상가로 바뀌었거나, 임차인이 바뀌면서 임대료가 크게 오른 경우도

많다. 또 어떤 건물은 답답했던 외관을 리모델링해 개방감 있는 디자인으로 바뀌어 있다. 이런 변화를 눈으로 직접 확인하다 보면 좋은 건물을 '보는 눈'이 조금씩 길러진다.

/ 변화된 빌딩의 '이후 모습'을 상상하라 /

건물을 볼 때는 지금 눈앞의 상태만 보지 말고, 매입 이후 어떻게 바뀔지 '미래의 모습'을 함께 비교해 봐야 한다. 최근에 거래된 건물에는 어떤 업종(임차인)이 들어왔는지, 리모델링이나 신축 같은 건축 행위가 있었는지 등 일정 시간이 지난 뒤 다시 확인해 보자. 매매 당시와는 많이 달라져 있을 것이다. 이렇게 건물이 변화되는 모습을 계속 지켜보다 보면 '내가 이 건물을 산다면 어떻게 바꿀 수 있을까?'라는 질문에 답할 수 있는 안목이 길러진다. 직접 현장을 보기 어렵다면 로드뷰를 활용해 공사 전후의 모습을 비교하는 것도 좋은 방법이다.

리모델링이나 신축을 고려하고 있다면 건축사나 전문가의 조언을 반드시 구해야 한다. 경험 많은 전문가들은 내가 놓치고 있는 부분을 알려주고, 건물의 가치를 높이는 아이디어를 제시해 준다. 허름한 건물 속에서도 '보석'을 찾아내는 눈은 결국 이런 경험에서 생긴다.

지금 당장은 수익이 없어 보이더라도, 매각 사례를 꾸준히 관찰해왔다면 노후건물의 현재 모습보다 변화된 미래의 가치를 머릿속에 그려볼 수 있을 것이다. 필자 역시 매주 매각 사례를 정리해 두었다가 몇 달 뒤 직접 현장을 방문해 '그 건물이 어떻게 바뀌었는지'를 꼼꼼히 분석한다. 누군가가 풀어놓은 답안지를 미리 공부하면 시험문제가 나왔을 때 당황하지 않는 것과 같다.

참고로 빌딩 매매 정보는 디스코부동산, 밸류맵 같은 실거래가 플랫폼을 통해 충분히 확인할 수 있다. 데이터로 보고, 현장을 직접 찾아가 눈으로 확인하고, 변화를 느껴야 한다. 이 세 가지가 모일 때 비로소 진짜 '투자 안목'이 완성된다.

IT 서비스를
활용하라

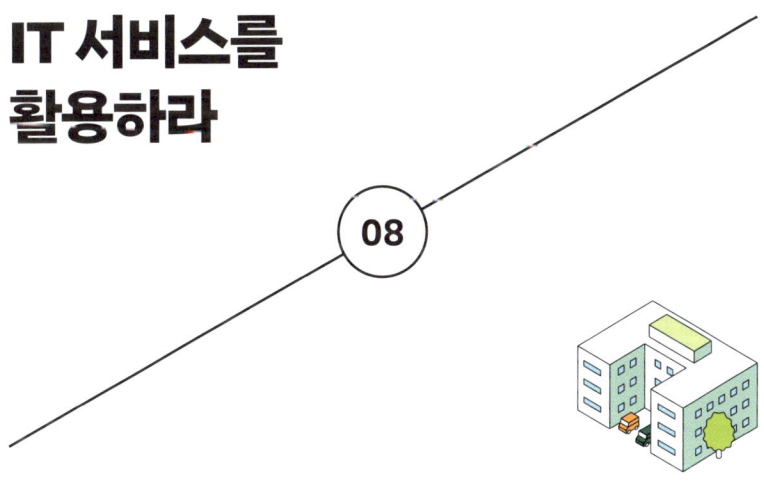

08

필자가 15여 년 전 빌딩 시장에 처음 들어왔을 때만 해도 이 시장은 철저히 '그들만의 리그'였다. 정보 비대칭이 심했고, 일부 중개사와 투자자들만이 제한된 정보를 공유하며 거래를 이어가던 시기였다. 하지만 지금은 시대가 완전히 달라졌다. 빌딩 실거래가뿐 아니라 임대시세, 상권 변화, 리모델링 전후의 모습까지 확인할 수 있는 다양한 '플랫폼'들이 등장했기 때문이다. 이제는 '어디에 투자하느냐'만큼이나 '어떤 정보를 먼저 보고, 어떻게 검증하느냐'가 투자 성패를 좌우하는 시대가 되었다.

/ IT를 활용한 부동산 실거래가 조회 /

실거래가 조회는 빌딩 투자의 기본 중의 기본이다. 최근 얼마에 매각되었는지를 알아야 지금 검토 중인 건물이 적정한 가격인지 판단할 수 있다. 이때 중요한 것은 1~2년 전의 거래 정보가 아니라, 최근 몇 개월 내에 실제로 거래된 사례다. 예를 들어 지금 가격이 조정받는 시기라면 최근 몇 개월 이내 가격이 조정되고 난 뒤 팔린 사례들을 참고해야 현실적인 판단이 가능하다.

그리고 단순히 화면에서 클릭만으로 정보를 보는 것이 아니라 직접 현장에 가서 그 건물이 왜 그 가격에 팔렸는지, 어떤 사정으로 매각이 이루어졌는지 궁금증을 가지고 살펴보는 습관이 필요하다. 직접 가보면 화면에서는 보이지 않던 요소들이 보인다. 거래 이후 리모델링으로 외관이 바뀌었는지, 임차인이 교체되었는지, 주변 상권의 분위기는 어떤지 등을 보면서 새로운 판단 기준이 생긴다. 그래서 내가 검토 중인 지역에서 비슷한 금액대에 매각된 건물은 현장에 방문해 꼭 확인하길 바라고, 그 건물과 비슷한 조건(용도지역, 도로접면, 연면적 등)의 매각 사례를 최소 세 곳 이상 비교해 보자. 현장에서 직접 눈으로 확인하는 것이 데이터를 이해하는 '진짜 공부'다.

다음은 필자가 실제로 투자분석 시 자주 활용하는 주요 IT 서비스들이다.

1) 디스코부동산(Disco)

부동산 시장의 흐름을 볼 때 자주 참고하는 서비스가 '디스코부동산'이다. 실거래가를 중심으로 지역별 거래 흐름을 한눈에 볼 수 있고, 상권 변화나 주변 개발 움직임도 함께 파악할 수 있다. 단순히 가격만 확인하는 용도가 아니라 '이 지역에서 최근 거래가 실제로 살아 있는지' '투자자들이 움직이고 있는 시장인지'를 판단하는 데 특히 유용하다.

특정 지역의 분위기나 수요 변화를 빠르게 제크할 수 있어, 건물 거래나 투자 검토 초기 단계에서 자주 활용한다. 초보자도 비교적 쉽게 사용할 수 있고, 빌딩 투자를 시작하는 사람이라면 거의 필수에 가까운 서비스다.

2) 밸류맵(ValueMap)

밸류맵은 건물의 '가격 수준'을 판단할 때 많이 사용하는 서비스다. 실거래가를 기반으로 토지와 건물의 개별 가치를 분석하고, 주변 시세와의 비교를 통해 매입 적정가를 가늠하는 데 도움을 준다. 특히 비슷한 용도와 규모의 건물들을 묶어서 비교하기 좋기 때문에 '이 가격이 과한지, 아니면 시장에서 받아들일 수 있는 수준인지'를 판단할 때 유용하다.

3) 네이버부동산

네이버부동산에서는 내가 검토 중인 건물의 가격뿐만 아니라 인근에 매물들이 얼마에 나와 있는지 확인해 볼 수 있다. 그리고 무엇보다 주변 임대시세와 공실률을 확인할 수 있다는 장점이 있다.

먼저, 네이버부동산을 통해 내가 매입을 검토 중인 건물 주변에 현재 어떤 매물들이 나와 있는지 살펴본다. 비슷한 조건의 상가나 사무실이 얼마나 임대를 내놓았는지 보면 공실률의 흐름을 알 수 있다. 또한 비슷한 규모의 건물들이 어떤 금액으로 임대를 진행 중인지 정리해 두면 매입 후 임대전략을 세우는 데 큰 도움이 된다. 예를 들어 내가 검토 중인 건물의 월세가 주변 시세보다 높게 책정되어 있다면 임차인이 나간 뒤 재임대가 쉽지 않을 수 있다. 반대로 시세보다 낮다면 리모델링이나 업종 변경을 통해 임대료 상승 여력이 있는 건물일 수도 있다. 따라서 매입 전 반드시 네이버부동산에서 주변 임대시세를 직접 확인해 보자.

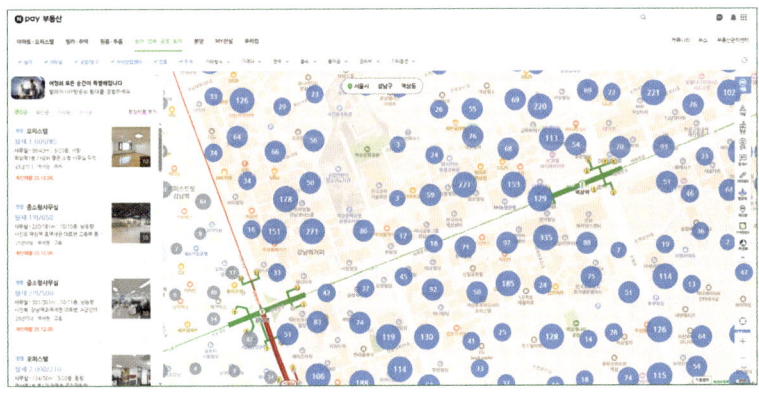

/ 연도별 히스토리 로드뷰 분석 /

많은 투자자들이 로드뷰를 이용하지만, 대부분 최근 화면만 본다. 하지만 진짜 중요한 것은 '시간의 흐름', 즉 연도별 히스토리를 보는 것이다. 네이버는 2010년 9월부터 로드뷰 서비스를 시작했고, 다음 (카카오맵)은 2008년부터 로드뷰 서비스를 제공하기 시작했다.

연도별 로드뷰 히스토리를 확인해야 하는 이유는 2가지다.

첫째, 공실의 기간을 파악할 수 있다. 건물 외벽에 '임대 문의' 현수막이 몇 년째 걸려 있었다면 해당 건물의 임대수요가 약하다는 뜻이다. 임대수익을 목적으로 매입을 검토하고 있다면 필수적으로 연도별 히스토리를 봐야 한다.

둘째, 신축이나 리모델링 전후의 변화를 확인할 수 있다. 이전 모습과 이후 모습을 비교하면 건물이 어떻게 변했는지 한눈에 알 수 있고, 리모델링 방향을 잡는 데 큰 도움이 된다. 이런 데이터를 꾸준히 쌓아두면 노후건물을 보면서도 '어떻게 바꾸면 가치가 오를지' 머릿

속에 자연스럽게 그림이 그려진다.

빌딩과 주거시설의
호재는
다르다

09

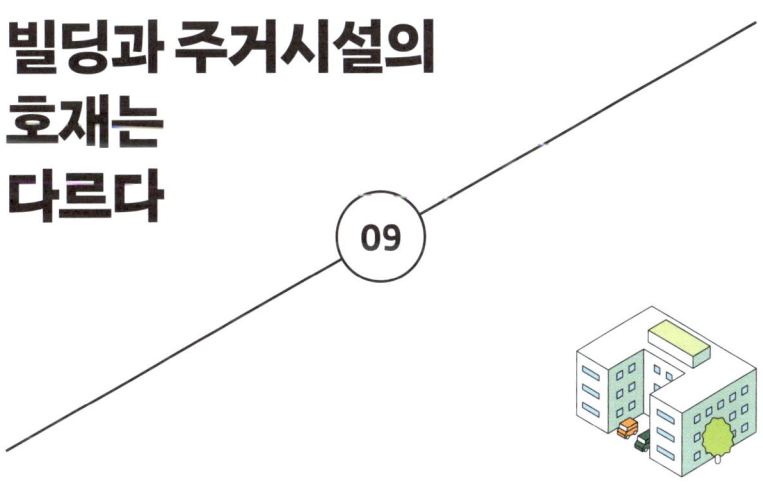

빌딩 투자를 처음 시작하는 사람들이 가장 많이 착각하는 것 중 하나가 '호재'에 대한 판단이다. 대형 쇼핑몰이 들어오고, 지하철이 연장되면 무조건 상권이 좋아질 것이라고 생각하지만, 이는 대부분 주거시설 관점에서의 호재일 뿐, 빌딩 투자자에게는 오히려 독이 되는 경우도 많다.

/ 쇼핑몰과 지하철 연장은 상권 확산에 도움이 안 된다 /

대형 쇼핑몰이 들어오면 주변 상권이 살아날 거라고 기대하는 경우가 많다. 하지만 실제로는 정반대의 일이 벌어지기도 한다. 대형 쇼핑몰은 쇼핑, 식사, 영화 관람까지 모든 소비를 한 공간 안에서 해결하게 만든다. 그 결과 사람들은 건물 밖으로 나오지 않고, 주변 상권의 소비를 흡수해 버리는 이른바 '빨대 효과'가 발생한다.

송파를 예로 들어보자. 이 지역 사람들과 외부 유동인구가 모이는 중심지는 단연 잠실 롯데타워다. 쇼핑몰, 식당, 영화관, 호텔, 전망대까지 모두 한 건물 안에 들어 있다. 게다가 옆에는 롯데월드와 석촌호수까지 있어 가족, 연인, 관광객 모두 한곳에서 시간을 보내기에 충분하다. 이런 구조에서는 주변 골목 상권이 함께 성장하기 어렵다. 대형 쇼핑몰이 들어오는 것이 반드시 상권 전체의 호재가 아닌 이유다.

지하철 노선 연장도 마찬가지다. 지하철이 들어오면 무조건 호재라고 생각하지만, 이는 주거시설 입장에서의 호재일 뿐이다. 신분당선 개통 이후를 떠올려 보자. 판교와 광교가 강남과 빠르게 연결되었지만, 그 결과 가장 크게 성장한 상권은 오히려 강남역이다. 판교나 광교에 사는 사람들도 약속이나 모임은 여전히 강남역에서 잡는다. 판교의 경우 IT 기업들이 많이 있어 점심 상권은 활발하지만 퇴근 후에는 대부분 신분당선을 타고 강남까지 20분 정도면 이동할 수 있어 저녁 상권은 강남이 더 활발하다.

이처럼 지하철 연장, 쇼핑몰 입점, 대형 복합시설 조성은 생활 편의성을 높여 주거시설에는 분명 호재이지만 상권, 특히 빌딩 상권에는 오히려 수요를 빼앗아 가는 요인이 될 수 있다.

/ 오피스 빌딩과 호텔은 상권에 도움이 된다 /

그렇다면 상권에 진짜 도움이 되는 호재는 무엇일까? 바로 상주인구와 체류 인구를 만들어 내는 시설이다. 대표적인 것이 오피스 빌딩과 호텔이다.

대로변에 대형 오피스 빌딩이 들어서면 그 인에 상주하는 직장인 수천 명이 생긴다. 이 인원들이 점심시간과 퇴근 후 자연스럽게 주변 식당과 카페, 편의시설을 이용하면서 이면도로 상권 전체가 살아난다. 호텔도 마찬가지다. 투숙객들은 대부분 숙소에만 머물지 않고, 주변 식당·카페·관광지를 이용하며 지역 상권에 소비를 일으킨다. 따라서 오피스 빌딩과 호텔의 신축은 상권에 직접적인 긍정효과를 준다.

공원이나 산책로 조성도 상권에 좋은 영향을 준다. 대표적인 사례가 연남동의 경의선 숲길이다. 낡은 철길이 공원으로 바뀌자 사람들이 모이기 시작했고, 철길을 따라 카페와 식당, 편집숍이 자연스럽게 생겨났다. 사람의 체류시간이 늘어나는 공간은 결국 상권을 키운다.

이처럼 상권을 분석할 때는 항상 '이용자의 입장'에서 생각해야 한다. 나라면 친구를 만나거나 고객을 만날 때 이 상권을 이용할지, 굳이 찾을 이유가 있는지를 떠올려 보자. 주거시설의 호재는 '살기 좋은 환경'을 만드는 것이지만, 빌딩의 호재는 '찾고 싶은 거리'를 만드는 것이다. 따라서 상권을 볼 때는 주거시설의 호재와 빌딩의 호재를 같은 기준으로 보아서는 안 된다. 이 차이를 이해하는 순간, 상권을 보는 눈이 한 단계 달라진다.

3장

빌딩 투자,
계약부터 매각까지
실전 노하우

매입검토표 작성과 투자지역 선정

01

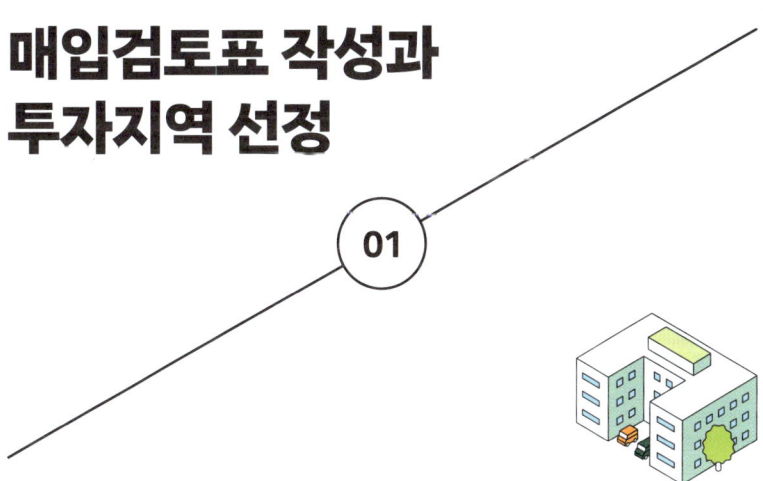

/ 매입검토표를 반드시 작성하자 /

빌딩을 매입하기 전에는 반드시 매입검토표를 작성해야 한다. 매입검토표는 단순한 체크리스트가 아니라, 내가 감당할 수 있는 투자 범위와 리스크를 미리 가늠해 보는 도구다. 검토표를 작성하다 보면 매입 가능한 건물의 규모, 필요한 자금, 세금과 부대비용 등을 사전에 파악할 수 있어 불필요한 시행착오를 줄일 수 있다. 매입검토표를 통해 기본적으로 검토해야 할 내용은 다음과 같다.

1) 매입 주체의 결정

먼저 개인 명의로 할 것인지, 법인 명의로 할 것인지 매입 주체를 정해야 한다. 개인 명의로 한다면 누구 명의로 할지, 법인 명의로 한다면 지분비율은 어떻게 할지를 충분히 상담한 뒤 정하는 것이 좋다.

신규법인을 설립해 매입할 계획이라면 개인으로 계약한 뒤 잔금 전에 법인 명의로 재계약하는 방법도 고려할 수 있다. 이 경우 법인 설립에는 보통 일주일 정도 소요되므로 이 일정을 고려해 계약 일정을 잡아야 한다. 또한 법인을 설립할 때는 자본금이 너무 적으면 대출 조건이 불리해질 수 있으므로, 초기 자본금은 1억 원 정도로 하고, 이후 은행 요청에 따라 증자를 진행하는 방식이 현실적이다.

2) 가용자금 및 대출 가능 여부 확인

현재 보유한 가용자금을 명확히 파악해야 한다. 예금, 적금, 주식 등 현금화가 가능한 자산이 얼마인지 정리하고, 추가로 담보 제공이 가능한 부동산이 있는지도 함께 점검해야 한다. 거주 중인 아파트, 상가, 토지 등을 공동담보로 제공할 수 있다면 대출 한도가 달라질 수 있다. 이를 추가담보로 제공했을 때 얼마까지 대출이 가능한지 은행과 미리 협의해야 한다.

은행에서 대출조건이 가장 좋은 시기는 1년 중 연초이다. 연초에는 연간 대출 목표치를 정하고 공격적으로 영업을 시작하는 시점이기 때문에 대출조건이 좋고, 연말로 갈수록 대출 한도가 소진되면서 대출이 안 나오거나 조건이 나빠질 수 있다. 따라서 잔금일이 연말과 연초 사이에 있다면 가능하면 연초로 미루는 것이 유리하다. 다만 1월 초는 은행의 인사이동 시기이므로 새로운 지점장이 취임한 이후인 1월 중순 이후로 잡는 것이 안전하다.

3) 취득세 확인

건물을 매입하면서 발생되는 취득세를 준비해야 한다. 의외로 많은 투자자들이 건물 매입 후의 취득세를 간과하는 경우가 많은데, 부동 근린생활시설 건물을 매입하면 4.6%의 취득세가 발생하며, 여기에 소유권 이전비용 등을 감안하면 매입가격의 5% 정도를 준비해 두는 것이 좋다. 예를 들어 40억 원짜리 건물을 매입한다면 약 2억 원 정도의 취득 부대비용이 발생하는 것이다.

상가주택의 경우는 상가와 주택의 비율에 따라 취득세가 달라지며, 수도권 과밀억제권역 내에 설립된 지 5년이 안 된 신규법인이 부동산을 취득하면 취득세가 9.4%로 중과된다(만약 40억 원 건물을 신규법인 명의로 매입한다면 약 4억 원 정도의 취득 부대비용이 발생한다). 그리고 법인 명의로 주택을 매입할 경우에는 13.4%의 취득세(농특세, 지방소득세 포함)가 발생하므로 사전에 주택 여부를 꼭 확인해야 한다.

4) 부동산 중개보수

중개보수도 미리 계산해야 한다. 건물 매입의 경우 법정 상한선은 0.9%이며, 이 범위 내에서 계약 전에 중개인과 협의해 두는 것이 좋다. 또한 중개보수를 지급할 때는 반드시 부가가치세를 별도로 지급하고 세금계산서를 받아야 한다. 나중에 건물을 매각할 때 중개보수는 필요경비로 인정받을 수 있기 때문에 정확한 법정증빙을 받아두어야 한다.

| 매입검토표 |

1. 투입금액 내역

(단위: 만원)

내용		금액	비고	비율 /금리
1) 매매금액		₩ 380,000		
2) 대출금액	–	₩ 270,000	대출시 적용금리	4.0%
3) 보증금	–	₩ 20,000	매매금액에서 공제함	
4) 취득세	+	₩ 17,480	등기 접수시 완납해야 함	4.6%
5) 등기비용	+	₩ 760	채권 할인, 법무사 수수료 포함 (채권할인율에 따라 변동될 수 있음)	0.2%
6) 중개수수료	+	₩ 3,420	부가세 별도	0.9%
7) 실투입금액	=	₩ 111,660		

2. 임대료 및 지출내역

(단위: 만원)

내용		금액	비고
8) 월 임대료		₩ 1,500	연간 임대료 1억 8,000만원
9) 월 이자비용	–	₩ 900	연간 이자비용 1억 800만원
10) 월 관리비용	–	₩ 100	연간 관리비용 1,200만원
11) 월 수익금	=	₩ 500	8) – 9) – 10)

/ 거래량과 환금성을 고려해 투자지역을 선정하자 /

매입을 위한 기본적인 준비가 끝났다면, 이제 투자지역을 선정해야 한다. 빌딩 투자의 가장 안전한 출발점은 자신이 잘 아는 지역이다. 그만큼 리스크를 줄일 수 있기 때문이다. 다만 익숙한 지역이더라도 투자가치가 낮다면 이때는 20~30대가 주로 모이는 지역, 외국인 관광객들이 많은 찾는 지역으로 범위를 넓혀 볼 필요가 있다.

　기본적으로 상권이 활성화되기 위해서는 무엇보다 접근성이 중요하다. 이태원역 바로 앞 상권이나 성수동 연무장길 등 A급 상권을 보면 대부분 역 근처에 형성되어 있고, 언덕길이나 내리막길이 없어 접근하기 좋은 곳이 대부분이다. 그래서 새롭게 뜨는 상권이라도 이런 기본적인 원칙이 안 맞으면 상권의 수명이 짧을 수밖에 없다. 기존 상권들이 오랫동안 안정적으로 유지되어 온 이유가 다 있는 것이다.

　투자지역을 선정할 때 특히 주의할 점은 너무 유행에 따라가면 안 된다는 것이다. 최근 몇 년 사이 SNS를 통해 빠르게 유명해진 '○○○길' 상권들 중에는 짧은 시간 안에 사라진 곳도 많다. 대표적인 곳이 경리단길이다. 이태원역 인근 상권의 임대료가 높아지면서 위치가 좋지 않았지만 임대료가 상대적으로 저렴했던 이곳으로 상가가 많이 이전하면서 경리단길이 만들어졌다. 하지만 얼마 지나지 않아 임대료가 오르고 상권이 과열되면서 작은 가게들이 빠져나가자 사람들의 발길도 함께 끊겼다.

　새로운 상권이 생기면 사람들이 관심을 가지고 찾아오지만, 그 관심은 생각보다 오래 가지 않는다. 그래서 필자는 유행에 따라 새롭게 생겨나는 ○○○길 같은 곳에 투자하는 것은 위험하다고 생각한다. 갑자기 주목받는 곳이나 미디어에서 새롭게 각광을 받는 곳보다는 이미 오랫동안 검증되고 계속 이어져 온 상권에 투자하는 것이 안전하고, 이런 상권 중에서도 환금성이 높은 곳 위주로 투자지역을 정하는 것이 좋다.

빌딩은 다른 투자상품과 비교했을 때 환금성이 낮은 상품이다. 매물로 내놓아도 짧게는 몇 개월에서 길게는 몇 년이 걸리기도 한다. 반면 인기지역의 좋은 매물은 며칠 만에 팔리기도 하고, 빠르면 하루 만에 거래되기도 한다. 그렇다면 사람들이 어떤 지역과 어떤 건물을 선호하는지 알기 위해서는 어떻게 해야 할까?

우선 거래량이 많은 지역의 매각 사례들을 자세히 살펴볼 필요가 있다. 환금성이 높다는 건 그만큼 거래가 많이 되고 가격이 오르는 지역이라는 것이다. 그래서 건물에 투자할 때 가장 기본은 거래량이 많은 지역의 빌딩을 찾는 것이다. 이때 주의해야 할 점은 인기지역이라 해도 해당 지역 내에서 동별로도 거래되는 건수나 금액대가 다르며, 어떤 도로를 접하고 있는지에 따라 환금성에 차이가 난다는 것이다. 예를 들어 거래량이 가장 많은 강남 지역의 경우 대부분의 건물이 거래가 잘될 것 같지만 상업지가 아닌 차 한 대 지나갈 정도의 좁은 도로에 있는 100억 대 건물은 매매가 쉽지 않다. 보통 100억 원이 넘는 금액대를 투자하는 사람들은 돈을 좀 디 주더리도 도로가 넓은 건물을 매입하고 싶어 하기 때문이다.

그리고 거래량뿐 아니라 금액대별로도 지역을 분석해 볼 필요가 있다. 내가 예비매수자의 입장에서 이 정도 조건이라면 이 지역 건물을 매입할 것인지 생각해 보는 것이다. 예를 들어 홍대 인근 지역의 경우 거래량은 많지만 대부분 거래되는 빌딩의 금액대는 100억 원 미만이고, 그중에서도 50억 원 미만의 빌딩이 거래가 활발하다. 그래서 이 지역은 100억 원만 넘어가도 환금성이 많이 떨어진다. 아무리 좋은 건물이라도 팔려고 할 때 매각이 되지 않는 건물은 매력이 없다는 것을 명심해야 한다.

매입검토표 작성과 투자지역 선정은 빌딩 투자의 출발선이다. 이 단계가 정리되어 있어야 이후 매물을 빠르게 걸러내고, 좋은 기회가 왔을 때 흔들리지 않고 판단할 수 있다. 준비가 되어 있는 사람만이 다음 단계로 나아갈 수 있다.

계약 전후 체크리스트 및 필수서류 점검

02

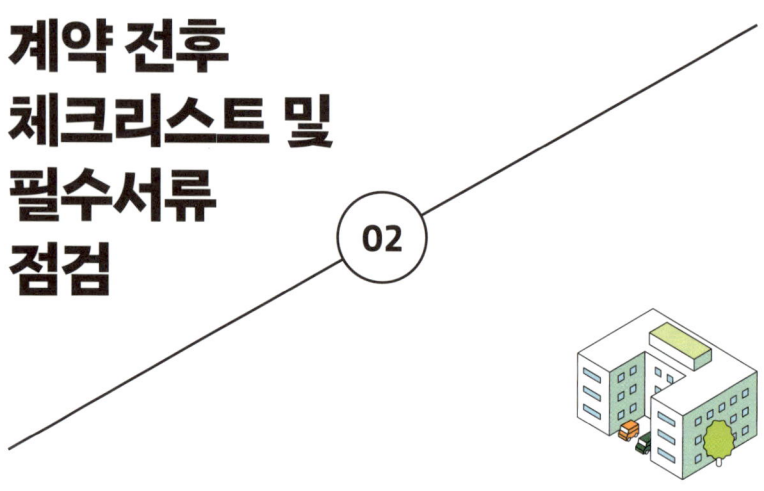

빌딩 투자는 부동산 중에서도 거래 규모가 큰 자산을 거래하는 일이다. 그런데 의외로 많은 투자자들이 단순하게 평당 대지가격이나 수익률 계산에만 집중한 나머지, 계약 과정에서 발생할 수 있는 실질적인 문제는 놓치는 경우가 많다.

빌딩 거래는 일생에 여러 번 겪을 수 있는 경험이 아니다 보니 대부분의 과정을 중개사에게 맡기는 경우가 많다. 하지만 거래금액이 큰 만큼 사소해 보이는 하나하나가 수천만 원, 많게는 수억 원의 차이로 이어질 수 있다. 따라서 계약 전후 단계에서 체크해야 할 사항들을 미리 정리하고, 하나씩 점검해 나가는 과정이 필요하다.

여기에서는 빌딩 계약 전과 계약 이후에 반드시 확인해야 할 핵심 사항들을 단계별로 정리해 보았다.

계약 전 체크사항

- 부동산 명의 확인(가족, 개인, 법인)
- 은행 대출 가능 여부 사전 확인
- 자금 스케줄 정리(계약금, 중도금, 잔금)
- 건물분 부가가치세 확인 (포괄양도양수계약서 작성시 제외)
- 임대차 계약 현황 및 임대료 미납 여부 확인
- 6월 1일 재산세 부과기준일 확인
- 취득 관련 비용 체크(취득세, 중개수수료, 법무사수수료 등)

계약 체결

잔금 전 체크사항

- 임대사업자 등록(계약서, 영수증)
- 은행 대출 승인 여부 최종 확인
- 임대차승계확인서 작성 및 임차인 면담
- 법무사 선임
- 잔금정산서 내용 확인
- 시건장치, 도면, 외주관리계약서 등 건물 관련 서류 인수

/ 건물 명의자의 선택 /

빌딩 매입 시 가장 먼저 결정해야 할 사항은 '누구의 명의로 매입할 것인가'이다. 개인 명의로 할 것인지, 법인 명의로 할 것인지, 또는 개인 명의라면 배우자나 자녀와 공동명의로 할 것인지부터 정해야 한다. 실제 현장에서는 소득이 없는 배우자나 자녀를 공동명의로

추가했다가 국세청으로부터 자금출처 소명을 요구받는 사례를 자주 접하게 된다.

어렵게 빌딩에 투자했는데 명의 선택을 잘못했다는 이유로 세무 서의 소명 요구에 대응하지 못해 증여세와 각종 가산세까지 부담하 게 된다면 그만큼 억울한 일도 없을 것이다. 특히 국세청에서는 거 래금액이 큰 빌딩 매입에 대해서는 상대적으로 더 면밀하게 들여다 보는 경향이 있기 때문에 매입 전에 반드시 자금출처 등에 대해 세무 전문가와 충분히 상담하는 것이 좋다.

/ 대출 일정과 잔금 기준일 /

자금계획은 빌딩 거래에서 가장 꼼꼼하게 신경써야 하는 부분이 다. 일반적으로 빌딩 계약은 계약일부터 잔금일까지 1~2개월 정도 의 짧은 기간으로 진행된다. 이처럼 기간이 짧다 보니 중도금 없이 계약금에서 잔금으로 바로 가는 경우가 많아서 이에 맞게 대출 일정 과 잔금일을 정교하게 맞춰야 한다.

은행의 대출 승인이 보통 1~2주 정도 걸린다고 가정하면 승인기 간을 충분히 고려해 대출 실행일이 계약서에 명시된 잔금일보다 늦 어지지 않도록 조정해야 한다. 또한 대출을 받기 전에 임대사업자 등 록을 먼저 해야 한다는 점도 잊지 말자.

잔금일을 정할 때 특히 주의해야 할 날짜가 있는데, 바로 '재산세 부과기준일'이 되는 6월 1일이다. 재산세는 매년 6월 1일을 기준으 로 그 날짜의 부동산 소유자에게 부과된다. 따라서 4~5월에 계약을 하는 경우 잔금 납부일을 6월 1일 이후로 잡으면 기존 건물 소유자가 그해의 재산세를 부담하게 된다.

/ 건물분 부가가치세 /

건물을 매입할 때는 반드시 '건물분 부가가치세'를 확인해야 한다. 토지는 부가가치세가 면제되지만, 건물에는 부가가치세가 붙는다. 예를 들어 매매가 20억 원에서 건물가가 2억 원이라면 부가가치세 2,000만 원을 더해 총 20억 2,000만 원을 지급해야 한다. 물론 일반 과세자라면 나중에 환급받을 수 있지만 매입 당시 자금 여력이 넉넉하지 않은 경우에는 추가적으로 자금을 더 확보해야 되기 때문에 상당한 부담이 될 수 있다.

이럴 때 활용할 수 있는 제도가 '사업의 포괄양수도 제도'이다. 부가가치세법상 사업을 포괄적으로 양수·양도하는 경우에는 과세대상에서 제외되기 때문에 부가가치세를 납부하지 않아도 된다. 다만 이 경우 사업의 권리와 의무를 포괄적으로 승계해야 하며, 계약서에 관련 특약을 명시하거나 '포괄양도양수계약서'를 별도로 작성해야 한다. 이 부분은 반드시 세무 전문가와 상의한 뒤 결정해야 한다.

만약 부가가치세를 납부하되 빠른 환급을 원한다면 '부가가치세 조기환급제도'를 활용할 수 있다. 조기환급 신고를 하면 신고기한 경과 후 15일 이내에 납부한 세금을 환급받을 수 있다.

/ 임대차계약서와 임대차승계확인서 점검 /

매매 계약 전에 '임대차계약서'와 '임대료 미납 여부'를 꼼꼼히 확인해야 한다. 일부 매도인의 경우 계약을 유리하게 진행하기 위해 임대료 미납 사실을 숨기는 경우도 있기 때문이다. 따라서 매도인이나 중개사에게 임대료가 정상적으로 납부되고 있는지 확인하는 것이 필요하다.

임대차계약서를 확인할 때는 계약서상의 특약사항과 임대료가 '부가가치세 별도'인지 여부를 함께 점검해야 한다. 간혹 임대료를 부가가치세를 포함해 알려주는 경우가 있는데, 이렇게 되면 예상 임대수익에 차이가 발생할 수 있다. 또 매도인이 알려준 임대차 금액과 계약서상의 실제 금액이 다른 경우도 적지 않으니 중개사와 함께 원본 계약서를 기준으로 대조해야 한다.

잔금 전에는 중개사와 함께 임차인들을 직접 만나 불편사항을 확인하고, 임대인 변경에 동의한다는 '임대차승계확인서'를 받아두어야 한다. 이 절차를 생략하면 추후 임대료 납부나 관리과정에서 불필요한 분쟁이 생길 수 있다.

/ 취득 관련 비용 확인 /

건물 매입 시 발생하는 대표적인 취득비용으로는 취득세와 중개수수료, 법무사수수료 등이 있다.

주택 외 부동산(토지, 건물, 상가 등)의 취득세는 일반적으로 4.6%가 적용되며, 주택의 경우는 보유하고 있는 가구 수에 따라 세율이 달라진다. 법인이 주택을 매입할 경우에는 13.4%의 취득세(농특세, 지방소득세 포함)가 적용되므로 각별한 주의가 필요하다.

중개수수료는 법정 상한선인 0.9% 이내에서 협의하면 된다. 간혹 중개수수료를 줄이기 위해 현금으로 지급하고 증빙을 남기지 않는 경우가 있는데, 반드시 부가가치세 10%를 포함해 현금영수증이나 세금계산서를 발급받아야 한다. 이런 법정증빙이 없으면 추후 양도소득세 계산 시 중개수수료를 필요경비로 인정받지 못한다.

법무사수수료 역시 미리 견적을 받아 두고 자금계획에 포함시키는 것이 좋다.

그리고 매도자에게 매매대금을 송금하는 경우 계좌이체를 하면 통장내역이 남는다고 영수증을 안 받는 경우가 있는데, 계좌이체를 한 경우에도 매도자에게 영수증을 받아 보관해야 한다.

/ 잔금일 전 잔금정산서 확인 /

보통 잔금일 1주일 전쯤에 중개사가 잔금정산서를 보내주는데, 잔금정산서는 임대료·관리비·공과금 등을 잔금일 기준으로 정산하는 문서이다. 이때 임차인이 많고 임대료의 납부일이 제각각인 경우에는 생각보다 정산이 복잡하기 때문에 간혹 실수를 하기도 한다. 특히 임대료의 경우는 하루이틀치의 차이도 금액이 크기 때문에 미리 날짜 계산을 제대로 해두는 것이 좋다. 참고로 잔금일의 임대료는 매수인 몫이다. 예를 들어 잔금일이 1월 1일이라면 12월 31일의 임대료는 매도인의 몫이고, 1월 1일의 임대료는 매수인의 몫이다.

/ 건물 관련 서류 인수 /

잔금정산서까지 확인했다면 시건장치, 건물 도면, 외주관리계약서 등 건물과 관련된 서류를 빠짐없이 받아야 한다. 이런 서류가 당장은 중요하지 않다고 생각해 잊고 안 챙기는 경우가 있는데, 나중에 반드시 필요한 상황이 발생한다. 만약 사전에 챙기지 못하고 잔금일 이후, 즉 소유권이 넘어간 다음에 서류들을 요청하면 매도인이 비협조적이거나 이미 폐기했을 수도 있기 때문에 건물 관련 서류는 잔금정산일 이전 또는 잔금일에 꼭 받아 두어야 한다.

잔금 납부가 완료된 후에는 임차인들을 다시 만나 기존 계약내용은 그대로 유지하고, 임대인 명의만 변경해 임대차계약서를 새로 작성한다. 보통 임차인들은 건물주가 바뀌는 것에 민감하기 때문에 명의만 변경되는 것이고 다른 사항들은 기존 계약과 동일하다는 것을 충분히 설명해 신뢰를 확보하는 것이 중요하다.

빌딩 운영 및 리스크 관리 노하우

03

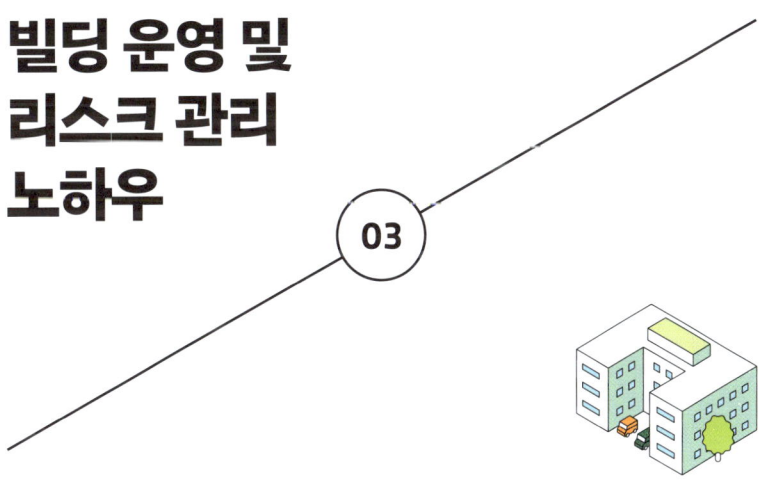

빌딩 투자의 진짜 승부는 매입이 아니라 그 이후의 '운영'과 '관리'에서 결정된다. 건물을 매입한 순간부터 우리는 단순한 투자자가 아니라 '임대사업자'가 된다. 임대료 수입이 대출이자보다 많다고 해서 안심할 수는 없다. 관리가 부실하면 예상치 못한 비용이 발생하고, 공실이 길어지며 수익률은 급격히 떨어진다.

빌딩은 단순한 '부동산 자산'이 아니라 '수익을 창출하는 서비스업'이라는 관점에서 접근해야 한다. 따라서 감에 의존하기보다 시스템적으로 운영하고 리스크를 관리해야 한다.

/ 매입 후 관리가 수익을 결정한다 /

빌딩은 매입으로 끝나는 자산이 아니다. 오히려 매입 이후부터 관리가 시작된다. 임대수익은 단순히 월세가 들어온다고 해서 남는 구조가 아니라, 매달 빠져나가는 관리비용을 얼마나 효율적으로 통제하느냐에 따라 실제 수익이 달라진다.

건물 관리를 소홀히 하면 임대료가 시세보다 낮아지고, 공실기간도 길어진다. 규모가 작고 건물주가 가까운 곳에 산다면 직접 관리하는 것이 효율적이다. 하지만 건물주가 멀리 거주하거나 시간이 부족하다면 청소 용역이나 관리 전문업체에 맡기는 것도 방법이다. 규모가 큰 건물의 경우 기존 상주 관리인을 승계하는 경우도 있는데, 이때는 반드시 퇴직금 정산 여부를 확인해야 한다.

매월 고정적으로 나가는 관리비에는 청소비, 전기·수도 요금, 엘리베이터 점검비 등이 있고, 연 1회 발생하는 항목으로는 화재보험료, 정화조 청소, 기계식 주차장 점검비용 등이 있다. 이런 비용들은 작게는 수십만 원, 많게는 수백만 원 단위로 꾸준히 빠져나간다.

엘리베이터가 있는 건물은 월 10~20만 원 정도의 점검비가 들고, 연면적이 600㎡ 이상이거나 전력 사용량이 많은 건물은 법적으로 전기안전관리자와 방화관리자를 선임해야 한다. 방화관리자의 경우 건물주가 직접 일정 교육을 이수하면 자격을 취득할 수 있다.

/ 임차인 관리의 기본은 계약서 작성이다 /

건물 관리에서 가장 까다로운 부분은 '임차인 관리'다. 시설 문제는 비용으로 해결할 수 있지만, 임차인과의 관계는 감정이 얽히기 때문에 훨씬 복잡하다. 임차인과 너무 친해지면 임대료 협상이 어려워지고, 반대로 소통이 부족하면 불만이 쌓여 분쟁으로 이어질 수 있다. 따라서 너무 가깝지도, 너무 멀지도 않은 적절한 거리감을 유지하는 것이 중요하다.

임대료가 연체되는 경우에는 구두로만 이야기하지 말고 반드시 내용증명으로 기록을 남겨야 한다. 또한 문제가 생겼을 때 신속하게 대응할 수 있도록 미리 '제소전화해조서'를 작성해 두면 소송 없이 명도 절차를 진행할 수 있다. 또한 상가 임차인은 상가임대차보호법에 따라 10년간 갱신요구권이 있으므로 최초 계약을 체결할 때부터 임대료, 계약기간, 원상복구 범위 등 모든 조건을 세심하게 조율해야 한다.

특히 묵시적 갱신으로 계약이 자동연장되는 경우 임차인은 언제든 계약 해지를 통보할 수 있기 때문에 계약 만료 시에는 반드시 새로운 계약서를 작성해 두는 것이 안전하다.

/ 관리의 기본은 청결과 사전예방이다 /

건물의 첫인상은 '청결'에서 결정된다. 1~2년에 한 번씩 외벽 청소만 해도 건물의 인상이 달라지고, 그만큼 공실률이 낮아지고 매각 시에도 더 높은 가격을 받을 수 있다.

CCTV 설치는 선택이 아니라 필수다. 옥상, 주차장, 출입구 등에 설치해 두면 화재나 사고, 분쟁 발생 시 책임 소재를 명확히 할 수 있다. 최근에는 스마트폰으로 실시간 확인이 가능하므로 비용 대비 효과도 크다.

누수나 설비 고장 같은 문제가 생기면 반드시 두 곳 이상에서 견적을 받아야 한다. 건물주가 시세를 잘 모른다는 점을 악용해 과도한 비용을 청구하는 업체도 많기 때문이다. 평소 믿을 수 있는 수리업체를 1~2곳 정도 확보해 두면 급한 상황에서도 빠르고 합리적인 대응이 가능하다.

/ 임대업의 본질은 서비스업이다 /

부동산임대업의 본질은 결국 '서비스업'이다. 임차인이 편안하게 이용할 수 있는 건물을 만들어 주는 것이 공실률을 낮추고 임대료를 높이는 가장 확실한 방법이다. 임차인의 요구를 무조건 수용하는 것도, 완전히 무시하는 것도 바람직하지 않다. 균형 잡힌 태도와 일관된 원칙을 세우고, 그 안에서 합리적으로 소통하는 태도가 필요하다.

임대료를 받을 때에는 반드시 세금계산서를 발급하고, 부가가치세 신고도 정확히 해야 한다. 이 부분은 세무사에게 정기적으로 맡기는 것이 효율적이다.

결국 빌딩의 수익은 '어떻게 관리하느냐'에 따라 결정된다. 관리가 잘된 건물은 공실이 적고, 시간이 지날수록 가격이 오른다. 반대로 관리가 허술한 건물은 장기 공실과 하자 문제로 제값을 받기 어렵다. 빌딩 관리의 핵심은 '청결' '소통' '예방'이다. 이 세 가지만 꾸준히 지켜도 건물의 가치는 쉽게 무너지지 않는다.

공실률을 낮추는
임차인
유치전략

04

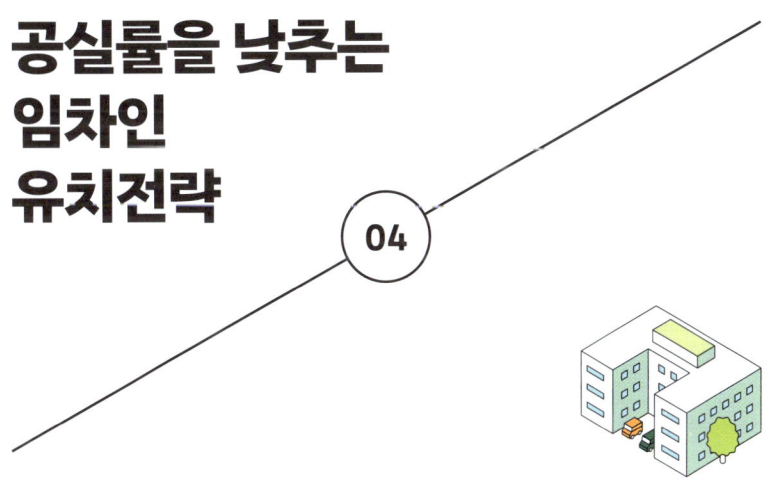

　빌딩 임대사업은 결국 공실과의 싸움이다. 임대를 얼마나 잘 맞추느냐에 따라 건물의 생명력이 결정되고, 이는 곧 매매가와 투자가치를 좌우한다. 아무리 좋은 건물을 매입했더라도 공실이 길어지면 수익률은 빠르게 무너지고, 비선호 업종이 들어서면 건물의 이미지 자체가 흔들릴 수 있다. 특히 요즘처럼 경기 흐름이 둔화되고 공실이 늘어나는 시기에는 단순히 광고를 내는 것만으로는 부족하다. 임차인을 '기다리는 방식'이 아니라, 임차인이 '찾아오게 하는 구조'로 만드는 체계적인 전략이 필요하다.

/ 공실률과 임대시세를 정확히 파악하라 /

　건물의 가치는 '얼마에 임대를 맞출 수 있느냐'로 결정된다. 임대가 안 맞으면 수익도 없고, 수익이 없으면 투자가치도 없다. 그래서 가장 먼저 해야 할 일은 주변 공실률과 임대시세를 정확히 파악해야 한다.

네이버부동산에서 검토 중인 건물과 비슷한 면적과 용도의 매물을 검색해 보자. 예를 들어 오피스로 임대를 주고 싶다면 '사무실' '월세' 항목으로 설정하고, 면적 기준으로 매물을 비교한다. 이때 단순히 금액만 보지 말고, 엘리베이터 유무, 건물상태, 주차조건처럼 임차인이 민감하게 보는 조건이 비슷한 매물을 기준으로 삼아야 한다.

그리고 현장에 직접 가서 주변 공실 건물의 현수막을 보고 전화를 걸어 임대료 수준을 확인해 보는 것도 필요하다. 실제 문의를 해보면 '광고 가격'과 '실제 협상가격'이 다를 때가 많다. 이런 과정을 거치면 내 건물의 임대료를 얼마에 내놓아야 현실적인지 감이 잡힌다.

/ 현수막은 선택이 아니라 필수다 /

생각보다 많은 임대 계약이 현수막을 보고 문의한 사람들로부터 성사된다. 특히 근린상가나 오피스 임대의 경우 위치와 건물 상태 등을 직접 눈으로 보고 전화하는 경우가 많아 효과가 크다.

현수막은 사람들이 잘 볼 수 있게 크고 눈에 띄게 설치해야 한다. 도로와 마주한 정면, 모서리, 신호등 근처가 가장 좋고, 차로 지나가는 사람과 걸어서 지나가는 사람이 모두 볼 수 있는 위치가 효과적이다. 다만 현수막을 너무 여러 군데 설치하면 장기간 공실로 남은 건물처럼 보이기 때문에 한 업체에 맡겨 깔끔하고 통일감 있게 운영하

는 것이 좋다.

현수막 문구는 단순히 '임대 문의'라고 적는 것보다 '1층 커피, 병원 가능 / 신축 / 주차 가능' 등 임차인이 가장 궁금해하는 핵심 정보를 짧고 확실하게 적는 것이 좋다. 폰트는 굵고 단순하게, 연락처는 크게 넣어야 문의 전화가 잘 온다.

야간 조명도 중요한 요소다. 조명을 비춰주면 밤에도 노출이 유지되어 문의 전화가 꾸준히 들어온다. 특히 유동인구가 많은 대로변 건물이라면 현수막 조명 유무가 큰 차이를 만든다.

현수막을 설치한 뒤에는 며칠 후부터 문의가 들어오는지, 어떤 층이나 업종을 먼저 물어보는지 기록해 두면 좋다. 이런 데이터가 쌓이면 다음에 임대할 때 현수막 위치나 문구를 좀 더 정확히 조정할 수 있어 도움이 된다.

현수막은 단순한 홍보물이 아니라 건물의 첫인상이다. 건물의 격을 지키면서도 눈에 잘 띄고, 정보가 명확해야 한다. 깔끔하게 잘 만든 현수막 하나가 수백만 원짜리 광고보다 더 큰 효과를 낸다.

/ 주변 임차인에게 가장 먼저 알려라 /

주변 임차인에게 알리는 것은 임대 영업의 기본이다. 등잔 밑이 어둡다는 말처럼, 내 건물 주변에 이미 입주해 있는 임차인이 가장 유력한 임차인 후보일 때가 많다. 임차인들은 새로운 공간을 찾을 때 낯선 지역보다 익숙한 동네를 선호한다. 기존에 근처 건물에서 사무실이나 매장을 운영하던 임차인은, 옮길 계획이 생기면 자연스럽게 같은 생활권 내 건물부터 알아본다.

그래서 임차 영업을 할 때는 단순히 공실 광고만 내는 것이 아니라, 주변 건물에 이미 입주한 임차인들에게도 적극적으로 제안해야 한다. 지금 당장 "이전 계획이 없다"고 말하더라도, 조건이 더 좋거나 위치가 마음에 들면 언제든 옮길 가능성이 있다. 중요한 건 그들에게 내 건물의 존재를 알리고, 조건을 정확히 전달하는 것이다.

이를 위해 기본적으로 임대제안서를 잘 만들어야 한다. 건물 사진, 층별 구조, 주차 가능 대수, 임대료 조건 등을 보기 쉽게 정리해 주변 임차인에게 직접 전달하거나 이메일로 발송한다. 이렇게 하면 그냥 말로 하는 것보다 훨씬 신뢰감이 생긴다. 실제로 예전에 임대제안서를 돌리다 공간이 마음에 들어서 임차가 아니라 아예 건물을 매입한 사례도 있었다.

결국 임대든 매각이든, 발품 파는 사람에게 기회가 생긴다. 아무 일도 하지 않으면 아무 일도 일어나지 않는다. 공실을 줄이려면 먼저 발로 뛰고 먼저 알려야 한다. 주변 임차인을 가장 가까운 고객으로 본다면, 그 한 걸음이 계약으로 이어질 수 있다.

/ 주변 부동산에 적극적으로 알려라 /

임대는 알리는 만큼 기회가 생긴다. 몇 곳의 중개사무소에만 맡겨서는 한계가 있다. 가능하면 더 많은 부동산에 임대 정보를 공유하는 게 좋다. 강남구에 건물이 있더라도, 송파구나 서초구에 있는 부동산에서 임차인을 데리고 오는 경우도 있기 때문이다.

다만 이렇게 여러 부동산에 임대 정보를 알리다 보면 전화 응대나 일정 조율이 번거로울 수 있다. 그래서 가장 믿을 만한 부동산 한 곳에 전속을 주는 것도 좋은 방법이다. 전속을 주면 해당 부동산이 적극적으로 마케팅을 하게 된다. 물론 전속을 주면 일부 부동산들이 '전속이라면 우리는 건물주에게 수수료를 받기 어렵다'며 임차인을 데리고 오지 않는 경우도 있다. 이럴 때는 전속 부동산과 미리 협의해, 임차인을 데리고 온 부동산과 수수료를 셰어하는 구조로 맞추면 된다. 그러면 다른 부동산들도 손님을 붙이지 않을 이유가 없다.

또 하나 중요한 점은 임대료 책정 방식이다. 임차인들은 거의 대부분 임대료 조정을 원한다. 그래서 처음 임대료를 설정할 때는 내가 생각한 마지노선보다는 약간 높게 내놓는 게 좋다. 예를 들어 1,000만 원까지는 받을 수 있다고 생각하면 1,100만 원 정도로 내놓고 협의하면서 조정하는 방식이다. 이렇게 해야 협상과정에서 여유가 생기고, 임차인 입장에서도 조정받았다는 만족감이 생겨 계약으로 이어지기 쉽다.

/ 중개수수료는 제대로 줘라 /

임대료를 정했다면, 주변 중개사무소에 임대 물건을 알리고 그에 맞는 중개수수료를 책정해야 한다. 이때 중요한 포인트는 '공인중개사를 얼마나 잘 포섭하느냐'이다.

중개사는 중개수수료를 받고 일하는 사람이다. 즉, 수수료가 잘 나오는 건물일수록 그 건물을 더 적극적으로 소개할 수밖에 없다. 이걸 잘 활용해야 한다. 중개수수료를 제대로 주지 않는 건물은 중개사들 사이에서 금방 소문이 돈다. '그 건물은 수수료가 적다'는 말이 퍼지면 그 건물은 아무리 입지가 좋아도 우선순위에서 밀린다. 오히려 임대가 더 오래 걸리고, 결과적으로 더 큰 손해를 본다.

반대로 수수료를 제대로 주는 건물은 금방 계약이 된다. 중개사 입장에서도 '이 건물은 중개수수료를 제대로 준다'는 신뢰가 생기면 마음 편히 고객을 데리고 오고, 우선적으로 소개하게 된다. 그래서 처음부터 법정한도 내에서 최대 금액으로 제안하는 것이 좋다. "수수료는 최대치로 드릴 테니, 좋은 임차인을 부탁드립니다"라는 한마디가 훨씬 빠른 계약으로 이어진다.

결국 중개수수료는 비용이 아니라 투자다. 수수료를 아끼면 정보도 기회도 줄어든다. 임대는 결국 사람이 하는 일이기 때문에 사람을 움직이게 만드는 건 신뢰와 보상이다. 그 두 가지를 제대로 주는 건물이 계약도 빠르다.

/ 임대 플랫폼을 활용하라 /

요즘은 임대 매물을 등록할 수 있는 다양한 플랫폼이 있다. 대표적인 곳이 네이버부동산과 공실클럽이다. 특히 강남권에서 많이 이용되는 공실클럽은 공동중개시스템을 운영해 임대인 수수료의 일부를 임차인 측 중개사와 공유한다. 이런 구조 덕분에 중개사들이 매물을 더 적극적으로 소개한다. 공실이 오래 이어질 경우 이런 온라인 플랫폼을 적극 활용해야 한다.

/ 프랜차이즈 입점을 직접 제안하라 /

내 건물에 특정 업종을 유치하고 싶다면 기다리기보다 직접 제안서를 보내 보자. 예를 들어 편의점을 유치하고 싶다면 각 브랜드의 점포개발팀 담당자에게 임대제안서를 메일로 보내는 것이다. 거절당할 수도 있지만, 계속 시도하다 보면 좋은 기회가 찾아온다. 프랜차이즈 본사들은 늘 입지 좋은 자리를 찾고 있기 때문이다.

이때 관심 있어 하는 업체가 임대료 조정을 원하는 경우 일정 기간 동안 임대료를 받지 않는 렌트 프리(Rent Free) 기간을 줘서 임대료는 유지하며 임대수익률을 유지할 필요가 있다. 임대료는 건물 가격과 직결되기 때문에, 가능하면 임대료 수준은 유지하는 것이 좋다.

정리해 보면 임차인을 유치하기 위해선 주변 공인중개사들에게 적정 중개수수료를 책정해 좋은 관계를 유지하고, 중개수수료를 세 어하는 사이트나 임대 플랫폼에 등록해 적극적으로 홍보해 공실을 줄여야 한다. 또 임대제안서를 만들어 건물의 임대 정보를 많은 업체 들에게 적극적으로 알리고 홍보해야 한다. 그리고 임대료 협상 단계 에서는 서로 윈윈할 수 있게 렌트 프리 등 가능한 선에서 최대한 임 차인의 편의를 봐줘서 좋은 임차인을 빠르게 유치하는 것이 좋다.

빌딩 투자의 꽃은 '매각'

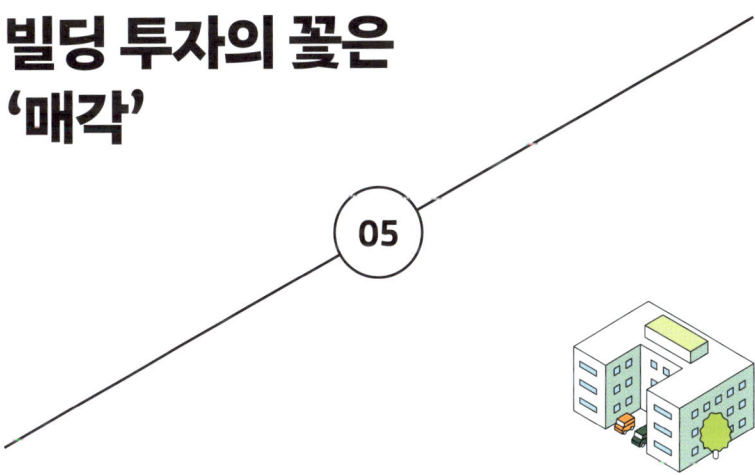

05

빌딩 투자의 최종 피날레는 '매각'이다. 아무리 좋은 건물을 보유하고 있더라도, 적절한 시점과 전략 없이 매각하면 기대한 수익을 얻기 어렵다. 반대로 매각 타이밍과 상태를 잘 설계하면 같은 건물이라도 훨씬 높은 가격에 팔 수 있다.

그래서 빌딩 투자를 시작할 때부터 반드시 고민해야 하는 질문이 바로 '언제 팔 것인가'와 '어떤 상태로 팔 것인가'이다. 이 두 가지 질문에 대한 답을 미리 준비해 두지 않으면 성공적인 매각이 어렵다.

/ 언제 매각하는 것이 가장 좋은가? /

빌딩을 매각하는 이유는 사람마다 다르다. 급한 자금 사정이나 개인적인 사정으로 어쩔 수 없이 파는 경우도 있다. 하지만 이런 상황을 제외한다면, 매각 시점은 크게 다음 두 가지 기준에서 판단하는 것이 합리적이다.

첫째, 세금 부담을 최소화할 수 있는 시점이다. 개인 명의로 건물을 보유하고 있다면 3년 이상 보유 후 장기보유특별공제를 받을 수 있는 시점에 매각하는 것이 유리하다. 예를 들어 3년 보유 요건을 충족하는 날 이후로 잔금일을 맞추면 장기보유특별공제를 적용받아 양도소득세를 상당 부분 줄일 수 있다.

또 같은 해에 2건 이상의 부동산을 매각해 모두 이익이 발생하면 합산과세로 인해 세금이 크게 늘어날 수 있다. 이 경우에는 매각시점을 조정해 한 건의 매각을 다음 해로 넘기는 것이 좋다. 반대로 손실이 난 부동산이 있다면 차익이 큰 매물과 같은 해에 매각해 상계하면 세무상 유리하다. 이런 부분은 반드시 세무 전문가와 함께 시뮬레이션해 보는 것이 좋다.

둘째, 시장 타이밍을 잘 잡는 것이다. 금리가 내려가고 거래가 활발한 시기, 즉 시장의 '온도'가 올라갔을 때가 매각에 가장 좋은 시점이다. 언론에서 '빌딩 매매 활황' 같은 기사가 자주 보이거나 중개업소에서 매각 문의 전화가 부쩍 늘어나는 시점이 바로 호황기의 신호다. 물론 언론이나 이곳저곳에 소문이 날 경우 매물 확보를 위해 확인 차 전화를 하는 것이기도 하겠지만, 어쨌든 중개사들의 연락이 잦아졌다는 건 시장에 매수자가 늘고 있다는 뜻이다. 이런 시기에 매각을 진행해야 가격 협상에서도 유리한 위치를 차지할 수 있다.

그렇다면 거래 문의가 많고 가격이 꾸준히 오르는 곳이라면 언제 매각하는 것이 가장 좋을까? 의외로 답은 단순하다. '매각을 최대한 늦추는 것'이다. 강남이나 주요 지역의 건물주들이 부자가 된 이유는 남들이 팔 때 팔지 않고 버텼기 때문이다. 주식투자를 할 때도 우량주는 팔지 않고 오래 가지고 가는 것처럼, 부동산도 하루에 몇 통씩 오는 유혹(?)을 잘 견디고 매각을 최대한 늦춰야 한다. 급한 사정이 생기지 않는 이상 부동산 문의가 많이 오는 곳, 즉 가격이 오르는 곳의 부동산은 최대한 보유하는 것이 정답이다.

/ 어떤 상태로 매각할 것인가? /

그렇다면 어떻게 팔아야 이왕이면 좋은 값을 받고 잘 팔 수 있을까? 좋은 시점만큼이나 중요한 것이 '건물의 상태'다. 같은 시기, 같은 지역이라도 건물의 상태에 따라 매각가는 크게 달라진다.

우선 건물 외관이 깔끔하고 임차인 구성도 안정적이고 임대수익이 잘 나오는 건물은 주변의 노후건물보다 비싸게 팔 수 있고, 거래도 상대적으로 잘된다. 그런데 만약 이러한 건물이 아니라면 '보기 좋은 떡이 먹기도 좋다'는 말이 있듯이 매각을 하기 전에 투자자들이 좋아할 만한 최적의 상태를 만들어야 가격도 제대로 받을 수 있고 매각도 수월해진다.

보통 건물이 노후되거나 임대료가 미납되는 등 관리가 힘들어 매각을 하는 경우에는 임차인 명도나 리모델링을 해야 하는 약점이 있기 때문에 제대로 된 가격을 받기도 어렵고 매각도 쉽지 않다. 일단 임대료가 미납되어 있다면 이곳은 장사가 잘 안 되는 곳이라고 색안

경을 끼고 볼 수밖에 없고, 연체된 임차인이 있는 경우 명도소송에 대한 부담감도 크기 때문에 이를 먼저 해결하고 매각을 하는 것이 좋다. 빌딩을 거래할 때는 작은 문제도 확대 해석을 해 매물 검토를 포기하거나 무리하게 금액을 깎아 달라고 요구하기도 한다. 그래서 이런 약점이 있는 건물은 매도자가 매각 전에 임차인들을 명도하는 것이 그나마 더 좋은 조건으로 매각할 수 있는 방법이다.

특히 매수자들 중에는 본인이 일부 층을 사용하거나 전 층을 자기가 원하는 스타일로 리모델링하거나 신축을 하려는 매수자들도 있기 때문에 매물로 내놓기 전에 명도를 마치거나 임차인을 받지 않는 등 매수자들이 부담을 갖지 않게 만들어 놓는 것이 중요하다.

결국 빌딩 투자의 최종 수익은 언제, 어떤 상태로 매각하느냐에 따라 달라진다. 같은 건물이라도 매각 타이밍과 관리상태에 따라 수천만 원, 많게는 수억 원의 차이가 발생한다. 그래서 단기 시세차익을 노리는 투자자든, 장기보유를 염두에 둔 투자자든 상관없이 매입단계에서부터 '매각 시점'과 '관리계획'을 함께 세워두는 것이 중요하다.

빌딩 관련
세금
총정리

06

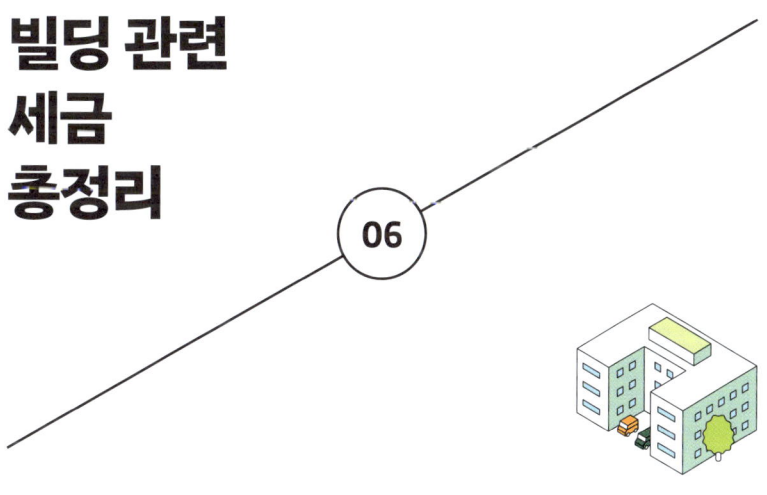

빌딩 투자를 할 때는 수익률만큼이나 세금도 꼼꼼히 따져봐야 한다. 부동산 관련 세금은 크게 취득, 보유, 양도의 세 단계에서 발생한다. 즉, 살 때는 취득세, 보유할 때는 재산세와 종합소득세(또는 법인세), 팔 때는 양도소득세(또는 법인세)가 부과된다.

/ 취득 시 발생하는 세금 /

부동산을 매입할 때 가장 먼저 만나는 세금이 '취득세'다. 일반적인 꼬마빌딩(상가·근린생활시설·토지)의 경우 취득세와 지방교육세 등을 포함해 약 4.6% 수준의 취득 관련 세금이 발생한다. 예를 들어 40억 원짜리 건물을 매입한다면 취득 단계에서만 약 1억 8,000만 원 내외의 자금이 추가로 필요하다.

상가주택의 경우는 상가 부분과 주택 부분을 구분해 각 비율에 따라 취득세를 납부한다. 이때 주택 부분의 비율이 높아지면 세 부담이 커질 수 있고, 개인이 이미 주택을 보유하고 있는 경우에는 1가구 2주택이 되어 다주택 중과로 이어질 수 있으므로 계약 전 반드시 비율을 확인해야 한다.

그리고 법인 명의로 상가를 매입하는 경우 기본 취득세율은 개인과 동일하게 4.6%가 적용된다. 다만 법인의 본점 소재지가 수도권 과밀억제권역 내에 있고 설립된 지 5년 이하의 시점에 같은 권역 내의 부동산을 취득할 경우 취득세가 중과되어 약 9.4% 수준까지 올라간다. 그리고 법인이 주택을 매입하는 경우에는 13.4%(농특세, 지방소득세 포함)의 세율이 적용되고, 상가 주택의 경우에도 주택 비율에 해당하는 부분에 대해서는 13.4%가 적용되기 때문에 법인이 주택 건물을 매입할 때에는 특히 주의해야 한다.

/ 보유 시 발생하는 세금 /

빌딩을 보유하는 동안에는 매년 재산세를 납부해야 하고, 임대수익이 있다면 소득세(또는 법인세)를 납부해야 한다.

재산세는 매년 6월 1일을 기준으로 해당 부동산의 소유자에게 부과된다. 건축물은 7월 16~31일까지, 토지는 9월 16~30일까지 납부해야 한다. 건물 전 층이 근린생활시설로 되어 있는 경우라면 세금이 많지 않지만, 주택이 포함된 경우에는 주택에 대한 규제 때문에 세금 부담이 커질 수 있다.

종합부동산세의 경우 모든 빌딩이 납부해야 된다고 알고 있는 경우가 많은데, 빌딩의 토지 공시가액 합계액이 80억 원을 초과하는 경우에만 종합부동산세가 부과된다. 즉, 대부분의 꼬마빌딩은 종합부동산세 대상이 아니고, 재산세만 납부한다고 보면 된다.

소득세는 임대수입에서 각종 비용을 공제한 금액에 대해 부과되는데, 꼬마빌딩 정도 규모에 대해서는 개인의 경우 보통 대출이자와 기타 경비를 공제하면 임대소득금액이 2억 원을 초과하는 경우가 거의 없기 때문에 6~24% 정도의 소득세율이 적용된다. 법인의 경우도 임대소득금액이 2억 원 이하면 10%의 법인세율을 적용받는다.

종합소득세율

과세표준	세율	누진공제
1,400만원 이하	6%	–
1,400만원 초과 5,000만원 이하	15%	(과세표준×15%) − 126만원
5,000만원 초과 8,800만원 이하	24%	(과세표준×24%) − 576만원
8,800만원 초과 1억 5,000만원 이하	35%	(과세표준×35%) − 1,544만원
1억 5,000만원 초과 3억원 이하	38%	(과세표준×38%) − 1,994만원
3억원 초과 5억원 이하	40%	(과세표준×40%) − 2,594만원
5억원 초과 10억원 이하	42%	(과세표준×42%) − 3,594만원
10억원 초과	45%	(과세표준×45%) − 6,594만원

/ 양도 시 발생하는 세금 /

빌딩 투자의 최종 수익은 결국 매각에서 결정된다. 개인이 매각할 경우에는 양도소득세, 법인이 매각할 경우에는 법인세가 부과된다.

우리가 꼬마빌딩에 투자한다고 하면 대부분 5~10억 원 정도의 시세차익을 예상하는데, 개인의 경우 매매차익이 5억 원 초과는 42%(지방소득세 포함 46.2%), 10억 원 초과는 45%(지방소득세 포함 49.5%)의 세율이 적용된다고 보면 된다. 그리고 법인이 건물을 매각할 때에는 매매차익이 2억 원 이하는 10%(지방소득세 포함 11%), 2억 원 초과 200억 원 이하는 20%(지방소득세 포함 22%)의 법인세를 납부해야 한다.

양도소득세는 다음과 같은 계산절차를 통해 과세표준을 계산한 후 세율을 곱해 납부세액을 계산한다.

1단계	…	양도가액	−	취득가액 + 필요경비	=	양도차익
2단계	…	양도차익	−	장기보유 특별공제	=	양도소득금액
3단계	…	양도소득금액	−	양도소득기본공제 (250만원)	=	양도소득 과세표준

필요경비 인정 가능내역

1. 취득 시 부담 비용	취득세, 중개수수료 등
2. 취득 후 발생되는 비용	용도변경, 개량, 이용편의를 위해 지출한 비용
	섀시 설치 비용, 발코니 난방시설 교체비용 등
	소유권 확보를 위한 소송비용 등
3. 양도비용	양도자가 부담한 명도비용
	양도를 위한 계약서 작성비용, 공증비용, 인지대, 소개비 등

양도소득세의 세율

보유기간	과세표준	세율	누진공제
2년 이상	1,400만원 이하	6%	–
	5,000만원 이하	15%	(과세표준×15%) – 126만원
	8,800만원 이하	24%	(과세표준×24%) – 576만원
	1.5억원 이하	35%	(과세표준×35%) – 1,544만원
	3억원 이하	38%	(과세표준×38%) – 1,994만원
	5억원 이하	40%	(과세표준×40%) – 2,594만원
	10억원 이하	42%	(과세표준×42%) – 3,594만원
	10억원 초과	45%	(과세표준×45%) – 6,594만원
1~2년 미만		40%	
1년 미만		50%	

/ 양도소득세 절세방안 /

빌딩을 매입하는 목적 중 하나가 시세차익을 얻고자 함인데, 시세차익이 생기는 경우 매매에 따른 양도소득세가 발생한다. 이때 몇 가지 사항을 잘 기억해 두면 양도소득세를 줄일 수 있다.

첫째는 필요경비로 인정되는 비용(자본적지출)에 대한 증빙들을 철저히 챙기는 것이다. 취득세, 중개수수료, 리모델링 비용, 설비 교체비, 명도비용 등은 적격증빙이 있으면 필요경비로 인정된다. 이때 신용카드·현금영수증·세금계산서 등 적격증빙을 받거나 실제 지출사실이 증명되어야 필요경비로 인정되니 꼭 적격증빙을 받아야 한다. 간혹 세금계산서를 발급하지 않고 현금으로 주면 부가가치세 10%를 할인해 주겠다는 경우가 있는데, 이 말에 속으면 안 된다. 차라리 10% 부가가치세를 주고 나중에 총금액을 필요경비로 인정받는 것이 더 이득이기 때문이다. 의외로 많은 건물주들이 경비를 지출할 때 적격증빙을 받아두지 않아 나중에 필요경비로 인정받지 못하는 경우가 많다.

둘째는 공동명의로 취득하는 것이다. 종합소득세와 양도소득세는 누진세율 구조이기 때문에, 공동명의로 취득하면 소득과 차익이 분산되어 세 부담이 줄어드는 효과가 있다. 즉, 공동명의의 경우 보유에 있어서 발생하는 임대소득에 대한 소득세와 매각하면서 발생하는 양도차익에 대한 양도소득세를 각각으로 계산하기 때문에 종합소득세와 양도소득세를 절세할 수 있다.

예를 들어 빌딩에서 연 1억 2,000만 원의 임대소득이 발생한다면 단독으로 소유했을 경우(필요경비 없다고 가정) 세율 35%를 적용하여 소득세가 29,216,000원(지방소득세 포함) 발생한다. 반면에 50%씩 부부가 공동명의로 매입한 경우에는 각가 연 6,000만 원의 임대소득이 발생하여 세율 24%를 적용받아 부부의 총 납부세액은 19,008,000원(지방소득세 포함)으로 줄어든다. 단독명의로 매입했을 때보다 1,000만 원가량을 절세할 수 있는 것이다(단, 소득 증가에 따른 국민연금 등 사회보험료의 증가는 고려해야 한다).

양도소득세의 경우도 동일하다. 1억 2,000만 원의 양도차익이 발생한다고 가정했을 때 단독으로 소유했을 경우(장기보유특별공제 없다고 가정) 양도소득세는 28,253,500원(지방소득세 포함)이다. 반면 부부가 50%씩 공동소유했을 경우 부부가 내야 하는 양도소득세는 총 17,688,000원(지방소득세 포함)으로 이 역시 1,000만 원가량이 절세된다.

이때 공동명의로 취득 시에는 부동산 매입자금에 대한 자금출처를 명확히 해야 한다. 참고로 부부간에는 6억 원까지 세금 부담 없이 증여가 가능하기 때문에 매입 전 배우자에게 6억 원을 증여해 주면 된다. 다만 증여세 신고는 반드시 해야 한다.

그리고 공동명의로 취득 시 대출이자는 소득세 계산 시 필요경비로 처리가 안 될 수 있는데, 매입 전에 미리 준비해 두면 비용으로 인정받을 수 있다. 즉, 취득 시 대출금이 출자금이 아닌 임대업을 위한 차입이라는 것을 밝힐 수 있느냐가 중요한데 출자금과의 구분을 위해서는 부동산 매매계약서를 작성하기 전에 공동경영, 지분율, 각자의 출자금을 명시한 '동업계약서'를 작성해야 한다. 그리고 동업계약서에는 대출이자는 공동명의 건물의 임대수입에서 충당한다는 것, 계약금 또는 계약금과 중도금은 각자의 출자금으로 충당한다는 것, 그리고 대출금을 제외한 나머지 취득자금인 임대보증금 등의 내용을 담아 매매계약서 작성일에 함께 작성해 두어야 한다.

이처럼 부동산과 관련된 세금에 대해 대략적인 체계를 알고, 법적용 등 복잡한 내용은 전문가와 상담한다면 보다 폭넓은 절세혜택을 누릴 수 있다.

건물 매각 시 실제 수익금액 계산

07

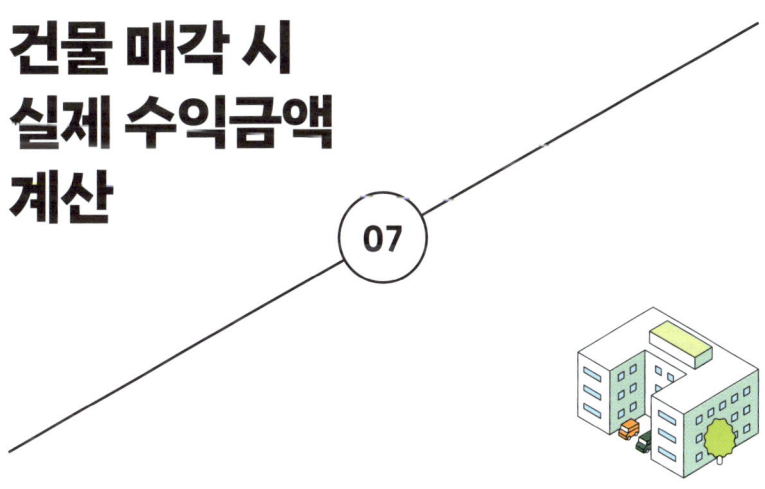

많은 사람들이 '빌딩을 40억 원에 사서 100억 원에 팔면 60억 원을 벌었다'고 생각한다. 하지만 이는 겉으로만 본 계산이다. 건물은 사는 순간부터 파는 순간까지 취득세, 중개수수료, 공사비 등 각종 비용이 발생하고, 마지막에는 양도차익에 대한 세금이 한 번 더 부과된다. 따라서 진짜 수익을 알고 싶다면 '실제로 얼마가 남는가'를 꼼꼼히 계산해야 한다. 여기에서는 실제 사례를 통해 건물 매각 시 수익금액이 어떻게 계산되는지 살펴보자.

2019년에 40억 원에 빌딩을 매입해 2027년에 100억 원에 매각한다고 가정해 보자. 단순화를 위해 보유 중 재산세·종합소득세 등은 제외하고 계산한다.

/ 취득 및 처분 시 부대비용 계산 /

먼저 취득 단계와 매각 단계에서 발생하는 부대비용을 계산해 보면 다음과 같다.

[취득 시] 총 8억 7,100만 원

- 취득세(4.6%) : 1억 8,400만 원

- 매입 중개수수료(0.9%) : 3,600만 원

- 등기 및 법무사 비용 : 약 100만 원

- 리모델링 공사비(가정) : 6억 5,000만 원

[매각 시] 총 9,000만 원

- 매각 중개수수료(0.9%) : 9,000만 원

이 금액을 모두 합하면 취득 및 처분 과정에서 발생한 총 부대비용은 약 9억 6,100만 원이다. 즉, 겉으로 보이는 매매차익 60억 원에서 부대비용을 제외하면 1차적으로 남는 금액은 약 50억 원 수준이다.

많은 사람들이 '60억 원을 벌었다'고 착각하는 지점이 바로 여기다. 실제 계산에서는 이 단계에서 이미 10억 원 가까운 비용이 빠져나간다.

/ 개인 명의 매각 시 세금 /

이제 매각에 따른 세금을 계산해 보자. 개인 명의로 3년 이상 보유하면 장기보유특별공제를 받을 수 있다. 이 사례에서는 8년 보유를 가정했으니 연 2%씩 총 16%의 장기보유특별공제가 가능하다(최대 30%).

- 과세대상 양도차익(부대비용 차감 후) : 50억 원
- 장기보유특별공제(16%) : 8억 원
- 과세대상 금액 : 약 42억 원

이 금액에 양도소득세 누진세율이 적용되는데, 42억 원 구간의 세율은 45%이고, 여기에 지방소득세 10%를 더하면 실효세율은 약 49.5%다. 이를 적용하면 양도소득세＋지방소득세는 약 20억 원 수준으로 계산된다. 결과적으로 부대비용과 세금 등을 공제하면 개인 명의의 경우 순수익금은 약 30억 원 정도가 된다.

- 매각가 : 100억 원
- 매입가 : 40억 원
- 취득·처분 부대비용 : 약 10억 원
- 양도소득세 등 세금 : 약 20억 원

즉, 겉으로는 60억 원을 번 것처럼 보이지만 실제로 손에 남는 금액은 절반 수준이라는 점을 인식해야 한다.

/ 법인 명의 매각 시 세금 (개인보다 유리한 구조) /

같은 조건을 법인으로 적용하면 결과는 상당히 달라진다. 법인의 경우 장기보유특별공제는 없지만, 세율 구조가 개인보다 훨씬 단순하고 낮다.

- 과세대상 양도차익(부대비용 차감 후) : 50억 원
- 법인세율 : 20%
- 지방소득세 포함 실효세율 : 22%

이를 적용하면 법인이 부담하는 매각 관련 세금은 약 11억 원 수준이다. 개인 명의 매각 시 약 20억 원이던 세금이 법인 명의에서는 절반 수준으로 줄어드는 셈이다. 그 결과, 법인 명의 순수익금은 약 39억 원 수준이 된다. 즉, 양도차익이 클수록 법인 명의가 세금 면에서 유리해진다.

/ 매각에 앞서 순이익을 계산해 보자 /

정리하면 40억 원에 사서 100억 원에 팔았을 때 60억 원이 남았다고 단순 계산하면 안 된다. 취득세 등 관련 부대비용을 빼면 약 50억 원이 1차 수익금이고, 개인 명의의 경우 약 20억 원의 양도세를 제하면 순수익금은 약 30억 원 수준이다. 법인 명의의 경우 약 11억 원의 법인세를 제하면 순수익금은 약 39억 원 수준이다. 개인은 장기보유특별공제가 있지만 누진세 때문에 체감세율이 높고, 법인은 장기보

유특별공제는 없지만 세율이 낮아 세금 부담이 개인의 절반 수준까지 떨어질 수 있다.

이처럼 매각에서 가장 중요한 긴 순이익과 세후현금이다. 투자 초기부터 취득세, 공사비, 임내비용, 매각비용, 양도소득세까지 전체적으로 그려 놓고 들어가야 한다. 이 계산이 손에 익으면 법인으로 할지, 개인으로 할지, 언제 팔지, 어느 수준에서 가격 협상을 해야 하는지가 훨씬 명확해진다. 이것이 바로 빌딩 투자자의 실전 사고방식이다.

4장

리모델링 vs 신축, 건물의 가치를 높이는 법

리모델링과 신축의 성공조건

01

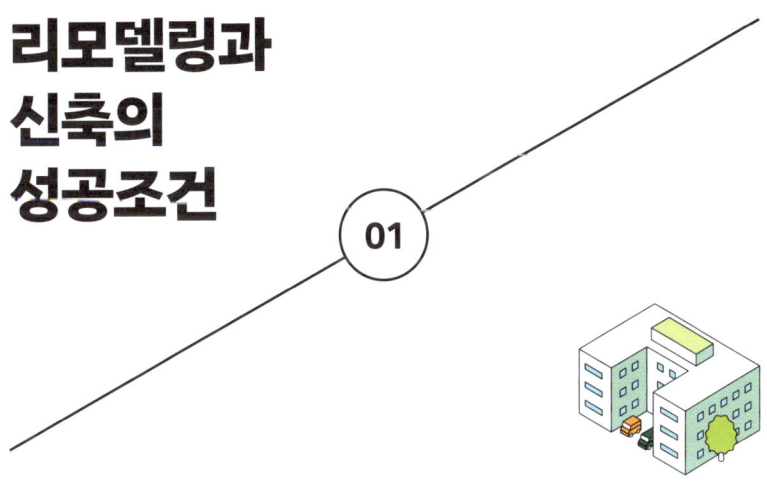

　건물이 노후화되어 있거나, 용도에 비해 공간을 충분히 활용하지 못하고 있다면 리모델링이나 신축을 통해 가치를 높이는 방법을 고려해야 한다. 실제로 최근 몇 년 동안 거래된 빌딩 중 절반 이상은 준공 후 20년이 넘은 노후건물이다. 신축이나 리모델링이 완료된 건물은 매물로 거의 나오지 않거나, 나오더라도 이미 그 가치가 가격에 충분히 반영되어 있다.

　결국 투자자는 '노후건물을 저렴하게 매입한 뒤, 리모델링이나 신축을 통해 가치를 높이는 전략'을 세워야 한다. 빌딩 투자는 단순히 임대수익만으로 승부가 나는 시장이 아니다. 실제 수익의 대부분은 리모델링과 신축을 통해 만들어진 자산가치 상승에서 나온다.

　하지만 모든 리모델링과 신축이 성공으로 이어진다는 보장은 없

건축연도별 거래량(2025년 서울 지역 기준)

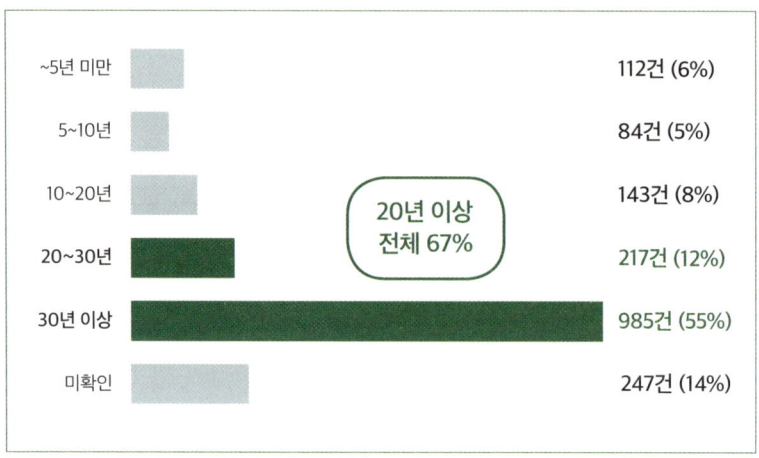

~5년 미만	112건 (6%)
5~10년	84건 (5%)
10~20년	143건 (8%)
20~30년	217건 (12%)
30년 이상	985건 (55%)
미확인	247건 (14%)

20년 이상 전체 67%

다. 거리 곳곳에는 막 지은 듯하지만 이미 낡아 보이는 건물들을 쉽게 발견할 수 있다. 이런 건물은 설계나 자재, 동선 계획이 제대로 잡히지 않아 금세 구식으로 보이고, 결국 임차인도 보러 오지 않는다. 외관만 새로워진 '속 빈 건물'은 시장에서 빠르게 외면받는다. 그래서 리모델링과 신축은 전문가의 설계와 시공, 시장 분석이 제대로 결합되어야만 진짜 가치 상승으로 이어진다.

/ 어떤 건축사를 선정해야 할까? /

좋은 건축사를 만나는 것은 좋은 땅을 찾는 것만큼이나 중요하다. 건축사의 조언 하나로 투자 방향이 바뀌기도 하고, 건물의 가치가 수억 원씩 차이 나기도 한다. 건축사를 잘못 선택하면 임대수익에도, 나중에 매매가격에도 영향을 준다. 그래서 빌딩 투자를 시작한다면 내 옆에서 조언해 줄 건축사를 곁에 두어야 한다. 같은 땅이라도 누가 설계하느냐에 따라 완전히 다른 결과가 나오기 때문이다.

건축사를 선택할 때는 '디자인 감각'보다 '경험의 방향'을 봐야 한다. 예를 들어 주택만 설계해 본 건축사에게 근린생활시설을 맡기면 임대 동선이나 층별 구획, 전용률 설계에서 미흡한 부분이 있을 수 있다. 반대로 대형 빌딩 위주로 설계해 온 건축사는 소형 건물의 수익구조를 제대로 잡지 못한다. 따라서 내가 짓고자 하는 건물의 규모와 용도에 맞는 경험을 가진 건축사를 찾는 것이 무엇보다 중요하다.

공인중개사들이 "이 땅은 반듯해서 신축하면 잘 나옵니다"라고 말하는 경우가 많다. 하지만 이런 말은 건축법이나 인허가 절차를 정확히 이해하고 하는 말이 아닐 수 있다. 실제로 신축이 불가능한 땅을 '가능하다'고 하거나, 용도 변경이 막힌 지역을 '된다'고 하는 사례가 많다. 이런 경우 자칫 인허가 단계에서 공사가 중단되거나, 위반건축물로 전락해 큰 손해를 입을 수 있다. 따라서 건축 관련 판단은 반드시 건축사에게 확인해야 한다.

또 한 가지 주의할 점은 무자격 건축사이다. 자격이 없는 사람이 타인의 면허를 빌려 쓰는 경우, 하자나 인허가 문제 발생 시 법적 책임을 물을 수 없다. 건축주 입장에서는 설계만 잘하면 된다고 생각할 수 있지만, 이런 건물은 시간이 지나 하자 분쟁이나 행정 문제로 큰 피해를 입을 수 있다.

건물은 한 번 지으면 30년 이상 간다. 설계 단계에서의 판단 하나가 향후 수십 년 동안의 수익률을 바꿔놓기도 한다. 건축사는 단순히

도면을 그리는 사람이 아니라 건물의 가치를 설계하는 사람이라는 것을 명심하자. 제대로 된 건축사를 선택하는 것이 빌딩 투자에서 가장 중요한 첫걸음이다.

/ 어떤 시공사를 선정해야 할까? /

빌딩을 짓다 보면 가장 문제가 많이 생기는 부분이 바로 시공사와의 문제다. 설계나 인허가 단계보다 공사 단계에서 분쟁이 생기는 경우가 훨씬 많다. 그 이유는 돈이 오가고, 일정이 정해져 있고, 결과물이 눈앞에 보이는 단계이기 때문이다.

시공사를 선정할 때 가장 먼저 확인해야 할 것은 정식 건설업 면허를 가지고 있는지 여부다. 공사를 위해 여기저기 알아보다 보면 '평당 얼마에 해드리겠다'라며 저렴한 견적을 제시하는 업체들이 있다. 하지만 이런 업체 중 상당수는 면허를 빌려 쓰거나 자금력이 부족한 경우가 많다. 공사 도중 공사비를 추가 요구하거나, 현장 자금을 돌려막기 하다 부도가 나는 사례도 적지 않다. 나중에 문제가 생겼을 때 법적 책임을 묻거나 보상을 받을 수도 없다.

시공사에 대한 기본 정보는 '키스콘(KISCON)' 사이트에서 쉽게 확인할 수 있다. 업체명을 검색하면 건설업 면허 등록 현황, 시공능력 평가액, 매출액, 신용등급, 재무상태 등을 한눈에 볼 수 있다. 시공사의 신용도는 곧 공사의 안정성과 직결되므로 반드시 확인해야 한다.

시공사를 제대로 선정하면 이후 과정은 그렇게 어렵지 않다. 내가 직접 현장에서 콘크리트를 나르는 것도 아니고, 시공사가 제대로 된 시스템으로 움직이면 내 본업에 영향을 줄 만큼 스트레스를 받는 일은 크게 없다.

시공사 못지않게 중요한 사람이 있다. 바로 현장 소장이다. 현장 소장이 경험이 풍부하고 현장을 잘 통솔하면 공사 품질이 높아지고, 공사 일정도 단축된다. 반대로 관리 능력이 부족하면 사소한 문제가 계속 반복되고 전체 공정이 꼬이기 쉽다. 특히 현장은 일용직 근로자들이 많기 때문에 소장이 중심을 잡지 못하면 분위기가 흐트러지고 품질에도 영향을 준다. 따라서 시공사를 선정한 뒤에는 반드시 현장 소장을 직접 만나 공사 전반에 대한 의견을 나누어야 한다. 이때 현장 소장이 시공사 정직원인지, 외주나 프리랜서인지도 꼭 확인해야 한다. 외주 소장은 공사가 끝난 뒤 연락이 끊기는 경우가 많다.

하자보수 역시 매우 중요하다. 건물은 사람이 짓는 것이기에 완벽

할 수 없다. 마감재가 벌어지거나, 페인트가 벗겨지거나, 비가 많이 오는 장마철에 누수가 생기는 일도 있다. 문제는 이런 일이 생겼을 때 시공사나 현장 소장과 연락이 안 되면 건물주는 큰 스트레스를 떠안게 된다.

그래서 시공사는 가격만 보고 선택해서는 절대 안 된다. 평당 단가가 조금 높더라도, 사후 관리가 확실하고 하자보수를 책임지는 업체를 선택하는 것이 현명하다. 실제로 시공사 중에는 공사비를 조금 더 받더라도 완공 후 하자보수 기간을 길게 보장하고, 자체 인력으로 신속히 처리하는 곳들이 많다. 이런 업체들이 결국 만족도가 높고, 장기적으로 봤을 때 훨씬 이득이다.

리모델링하기
좋은
건물의 조건

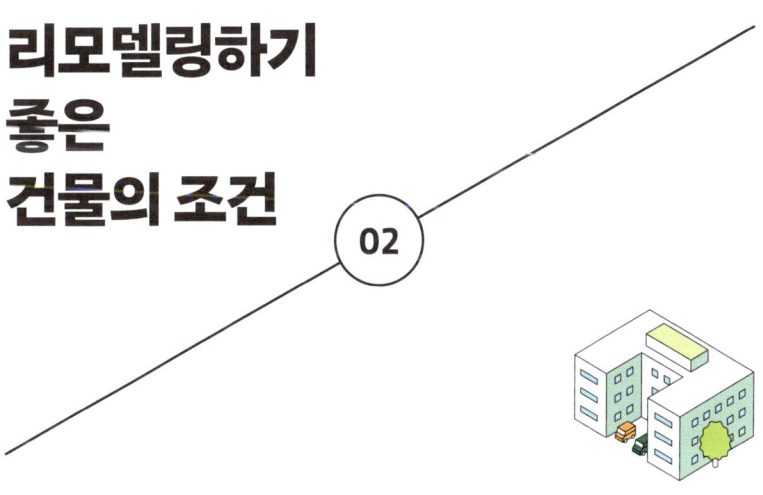

02

리모델링은 법적 명칭으로 '대수선'이라고 한다. 신축보다 공사기간이 짧고 비용도 적게 들지만, 리모델링에 적합한 건물인지 제대로 판단하지 못하면 오히려 신축보다 더 많은 비용이 드는 상황이 생길 수 있다. 흔히 말하는 '배보다 배꼽이 큰' 경우다.

따라서 리모델링은 싸게 고쳐서 수익을 낸다는 막연한 기대보다, 구조적·법적 조건이 맞는 건물인지부터 냉정하게 판단한 후 시작하는 것이 좋다.

/ 리모델링 판단의 핵심 기준 /

리모델링에 가장 적합한 건물은 법정 건폐율과 용적률을 이미 꽉 채운 건물이다. 특히 과거 기준으로 지어져 현재 기준보다 높은 용적률로 지어진 건물의 경우 철거를 하고 신축하면 오히려 건물면적이 줄어들기 때문에 이런 건물은 신축보다 리모델링이 훨씬 유리하다.

하지만 리모델링은 신축보다 변수도 많다. 벽체 속 구조물, 보의 두께, 설비 라인 등은 철거 후에야 드러나기 때문에 공사 도중 설계 변경이나 추가비용이 생기기 쉽다. 간혹 용적률이 남아 있어서 증축을 하는 경우도 있는데, 구조 보강비, 인허가 비용, 주차 확보 문제까지 고려하면 신축보다 많은 비용이 들어가기도 한다.

쉽게 말해 신축은 백지 위에 새로 그리는 그림이고, 리모델링은 이미 그려진 그림 위에 덧칠하는 작업이다. 따라서 계획 단계에서 충분한 검토와 시뮬레이션이 필수다.

리모델링을 검토할 때는 우선 건축물대장을 통해 건폐율과 용적률, 건물의 구조를 확인하고, 가능하면 현황도면을 확보해 건축사와 함께 리모델링이 가능한지 여부를 점검해야 한다. 도면을 기준으로 어디까지 변경이 가능한지, 예상 비용은 어느 정도인지, 구조적인 한계는 무엇인지 등을 사전에 파악해야 불필요한 리스크를 줄일 수 있다.

리모델링은 단순히 외관을 바꾸는 작업이 아니다. 전기, 소방, 배수, 설비, 주차구획 등 보이지 않는 시스템이 핵심이다. 외관이 아무리 깔끔해도 전기 용량이 부족하거나 배관이 낡아 누수가 생기면 결국 공사를 다시 해야 한다. 따라서 건축사뿐만 아니라, 구조기술사, 전기·설비 엔지니어와 함께 현장을 점검해야 한다.

/ 주택 건물 리모델링 시 주의할 점 /

주택 건물을 리모델링할 때 가장 먼저 봐야 할 것은 '건물의 구조'다. 대부분의 주택은 벽돌로 지어진 연와조 구조인데, 이 구조는 벽이 건물 하중을 지탱하는 '내력벽' 역할을 하기 때문에 벽 하나를 철거하려 해도 구조 보강이 반드시 필요하다. 즉, 철근콘크리트 구조보다 훨씬 많은 비용이 들어간다. 그래서 리모델링을 생각한다면 구조가 철근콘크리트로 되어 있는 건물이 훨씬 유리하다.

또 하나 중요한 포인트는 건물 내부의 '계단 위치'다. 과거 건물은 중앙 계단 구조가 많은데, 이 구조는 임대 효율을 크게 떨어뜨린다. 계단을 옮기려면 공사비가 많이 들고, 현행법상 계단 폭 기준이 과거보다 강화돼 오히려 임대면적이 줄어들 수 있다. 따라서 리모델링 전에 계단 위치와 폭은 반드시 확인해야 한다.

/ 엘리베이터와 도로사선 규제 여부 확인 /

'엘리베이터 설치' 가능 여부는 리모델링 시 건물 가치에 큰 영향을 미친다. 하지만 엘리베이터는 승강로를 확보할 수 있는 자리가 있어야만 설치가 가능하다. 겉보기에 공간이 있어 보여도 실제 구조상 불가능한 경우가 많다. 이 판단을 잘못해 엘리베이터를 설치하지 못해 임대 경쟁력이 떨어지는 사례가 적지 않다.

'도로사선 규제' 적용 여부도 확인해야 한다. 2015년 이전에 지어진 건물 중에는 도로사선 규제 때문에 건물 윗부분이 잘린 형태가 많다. 하지만 현재는 해당 규제가 폐지되어 남은 용적률이 있다면 도로 사선으로 깎였던 부분을 반듯하게 올려 메울 수 있다. 그래서 이 부분은 리모델링에서 수익성을 극대화하는 핵심포인트다. 단, 구조 보강 여부 등은 반드시 건축사와 상의해야 한다.

/ 증축 시 주차대수 확인 /

리모델링 과정에서 일부 증축을 고려한다면 법정 주차대수 확보 여부를 반드시 확인해야 한다. 건물면적이 늘어나면 법적으로 주차 공간도 함께 늘려야 하기 때문이다. 이 과정에서 1층 면적이 줄거나, 기존 상가 면적이 감소할 수 있다. 반대로 이미 법정 주차대수를 충분히 확보한 건물이라면 주차 문제 없이 증축할 수 있다. 이 부분은 반드시 건축사와 관할 구청 건축과에 사전 확인을 받아야 한다.

/ 리모델링 공정과 소요기간 /

리모델링은 단순히 '헌 건물을 고치는 공사'이 아니라 '건물에 새로운 생명을 불어넣는 투자행위'다. 무엇을 바꿀 수 있고, 어디까지 가능한지를 정확히 아는 것이 성공의 절반이다. 사전에 충분히 검토하고 전문가와 협의한 리모델링은, 신축보다 적은 비용으로 훨씬 빠르게 수익을 만들어 주는 최고의 투자전략이 될 수 있다.

공사기간은 위치와 구조, 현장조건에 따라 달라지지만 순수 시공기간은 보통 5~6개월 정도가 소요된다. 하지만 실제로는 이보다 훨씬 길게 잡아야 한다. 리모델링을 시작하기 전에 설계와 해체심의 기간이 추가되기 때문이다. 보통 설계에 3~4개월 정도, 건물 해체심의에 1~2개월 정도가 걸린다. 결국 설계부터 시공까지 전체 일정을 계산하면 최소 9개월, 길면 10개월 이상을 예상하는 것이 현실적이다.

다만 이 일정도 아무런 문제가 없을 때의 기준이다. 리모델링은 기존 건물을 철거하면서 진행되기 때문에, 철거 중 예상치 못한 구조물이나 배관 문제가 생기면 설계를 다시 수정하거나 구조 보강을 해야 하므로 일정이 지연되거나 공사가 중단되기도 한다.

또 하나의 변수는 주변 민원이다. 리모델링은 대부분 기존 상가나 주택이 밀집된 지역에서 하는 경우가 많아, 소음·진동·분진 등으로 인근 주민이나 상가에서 민원이 생길 가능성이 높다. 민원이 발생하면 구청이나 시공사, 건축주가 협의해야 해서 보통 며칠에서 길게는 몇 주까지 일정이 지연되기도 한다.

따라서 리모델링은 단기간에 끝나는 공사가 아니라, 설계(3~4개월)＋해체심의(1~2개월)＋시공(5~6개월) 등 10개월 이상 걸리는 중·장기 프로젝트로 봐야 한다. 특히 해체심의는 관할 구청마다 처리 속도가 달라서 여유 있게 일정을 잡는 것이 중요하다. 하지만 계획적으로 접근하면 신축보다 효율적으로 가치를 높일 수 있는 확실한 방법이다.

/ 30년 이상 된 강남지역 상가건물 /

/ 리모델링 전 건물 좌측면 /

/ 리모델링 전 건물 우측면 /

/ 리모델링 후 건물 전면(2대 주차공간 확보) /

/ 리모델링 후 건물 좌측면 /

/ 리모델링 후 건물 우측면 /

신축하기
좋은
건물의 조건

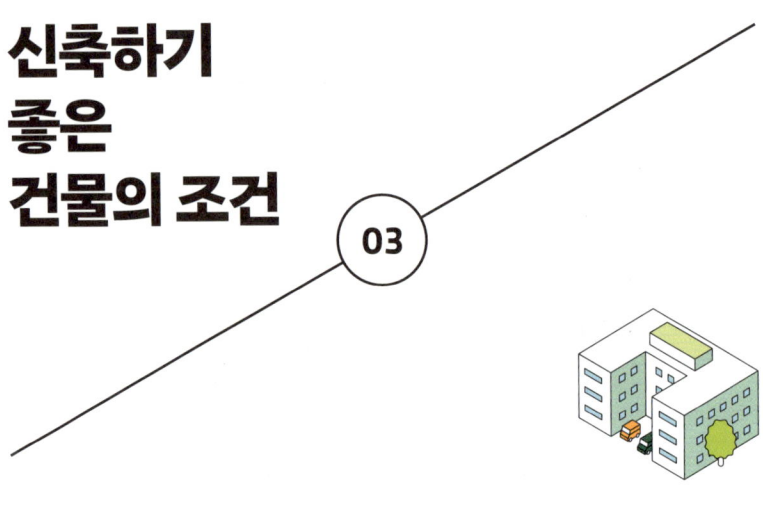

신축은 리모델링보다 훨씬 많은 자금과 시간이 필요하다. 한 번의 판단 실수가 수억 원의 차이를 만들 수 있기 때문에 단순히 '위치가 좋다' '땅이 반듯하다'는 이유만으로 신축을 결정해서는 안 된다. 신축을 계획할 때는 법규, 방향, 구조, 경사, 도로 조건 등 모든 요소를 종합적으로 세밀하게 검토해야 한다.

/ 일조권 사선 제한 확인 /

우리가 주택을 살 때는 흔히 "남향이 좋다"고 말하지만, 빌딩 신축에서는 남향이 오히려 불리한 경우가 많다. 그 이유는 '일조권 사선 제한' 때문이다. 남향 대지는 햇빛이 남쪽에서 들어오기 때문에 건축법상 북쪽 방향으로 일조 사선을 적용받는다. 이로 인해 건물 윗부분이 비스듬히 깎이듯 줄어들고, 상층부 면적이 줄면서 임대수익이 감소한다. 외관도 비대칭이 되어 미관상 불리하다.

북향 대지는 일조 사선이 북쪽에서 적용되어 남쪽으로 건물을 반듯하게 세울 수 있다. 결과적으로 상중부까지 온전히 확보할 수 있어 임대면적이 늘어나고, 수익성 면에서도 유리하다. 그래서 빌딩 신축에서는 도로에 접한 북향이 오히려 '황금 방향'이 될 수 있다.

다만 최근에는 일조권 사선 완화 등 건축 규제 완화 방안이 논의되고 있어 향후에는 더 효율적인 설계가 가능한 환경이 열릴 수 있다.

/ 한 층 더 확보할 수 있는 경사지 활용 /

대지의 경사도는 신축 수익성에 큰 영향을 준다. 경사진 부지에서 지하층의 절반 이상이 지하에 묻혀 있는 경우 건축법상 그 층은 '지상'이 아니라 '지하층'으로 인정된다. 이처럼 지상 1층이 지하층으로 인정되면 실질적으로 한 개 층을 더 올릴 수 있는 효과가 있다.

한 층의 차이는 곧바로 수익성으로 이어진다. 같은 건물이라도 한 층이 더 생기면 연 임대수익은 수천만 원에서 수억 원까지 달라질 수 있다. 단, 이 여부는 단순히 눈으로 판단하기 어렵다. 경사 각도나 인접 도로 높이에 따라 달라지므로 반드시 건축사와 현장 답사를 통해 직접 확인해야 한다.

/ 신축 층수를 결정할 때 고려할 사항 /

신축할 때 건물의 층수 계획도 세심한 판단이 필요하다. 6층 이상으로 올리면 스프링클러 설치가 의무화된다. 화재 안전 측면에서는 긍정적이지만, 설치비가 추가되고 각 층마다 배관이 지나가면서 천장이 낮아져 공간이 답답해진다. 또한 6층 이상부터는 구조 기준이 강화돼 건축비가 급격히 상승한다. 건물주가 굳이 6층 이상으로 신축하지 않고 4~5층 규모로 하는 이유가 바로 여기에 있다.

/ 지하층 계획과 선큰 구조 활용/

지하층 공사는 공사비용에 큰 영향을 준다. 지하를 파면 구조 보강, 흙막이, 방수, 펌프 설비 등 공사비가 급격히 증가하고, 날씨나 토질에 따라 공사기간도 길어진다. 따라서 주변 상권을 먼저 조사해 인근 건물의 지하가 공실이 많거나 임대료가 낮다면 굳이 지하를 만들 필요가 없다.

반대로 지하 상권이 활발한 지역이라면 지하는 적극적으로 활용해야 할 공간이다. 지하는 건폐율 산정에서 제외되기 때문에 지상보다 넓은 면적을 확보할 수 있는 유일한 공간이다. 이때 선큰(Sunken) 구조를 적용해 햇빛과 외부 시야를 확보하면 지하라도 답답하지 않은 공간을 만들 수 있다. 최근에는 카페, 전시장, 오피스 등에서도 이런 선큰형 지하 공간을 선호하는 추세다.

/ 신축의 공사기간 /

신축의 공사기간은 현장 여건, 도로 조건, 인허가 속도에 따라 달라지지만 순수 시공기간만 최소 12개월 이상이 소요된다. 여기에 설계(3~4개월), 해체심의(1~2개월) 절차를 더하면 전체 일정은 약 1년 6개월 이상이 걸린다. 또 공사 중에는 구청의 불시 점검, 보완 지시, 안전 관련 서류 요청이 잦고, 특히 주서시역 인근에서는 소음·분진·차량 진입 문제로 민원이 반복될 수 있다. 이런 변수들로 인해 공사 기간은 생각보다 많이 늘어난다.

따라서 신축은 '시간이 곧 비용'이라는 점을 반드시 기억해야 한다. 공사기간이 길어질수록 이자비용과 기회비용이 늘어나기 때문이다. 이를 단축하려면 매입과 동시에 건축사 선정 및 설계 착수가 핵심이다. 매도인에게 토지사용승낙서를 미리 받아두면 잔금 전이라도 설계와 해체심의를 미리 진행할 수 있다. 이렇게 하면 잔금 후 바로 철거 및 착공이 가능해져 최소 2~3개월의 시간을 절약할 수 있다.

/ 신축의 핵심은 '제대로 된 계획' /

신축은 리모델링보다 절차도 많고 시간도 오래 걸린다. 하지만 초기 단계에서 설계·해체심의·시공 일정을 치밀하게 계획하고, 공간·층수·지하 활용성 등을 꼼꼼히 검토한다면 시간을 줄이면서도 수익성을 극대화할 수 있다. 결국 신축의 핵심은 '빨리 짓는 것'이 아니라 '처음부터 제대로 계획하는 것'이다. 이런 계획에 따라 공실률과 임대수익 그리고 나중에 매각가격에도 영향이 생긴다.

/ 신축 전 건물 전면 /

/ 철거 전 건물 좌측면 /

/ 철거 전 건물 뒤측면 /

/ 신축 후 건물 뒤측면 /

/ 신축 후 건물 전면 /

/ 신축 후 건물 좌측면 /

Part
2

빌딩 투자,
성공 & 실패 사례 분석

1장

빌딩 투자,
성공을 벤치마킹하다

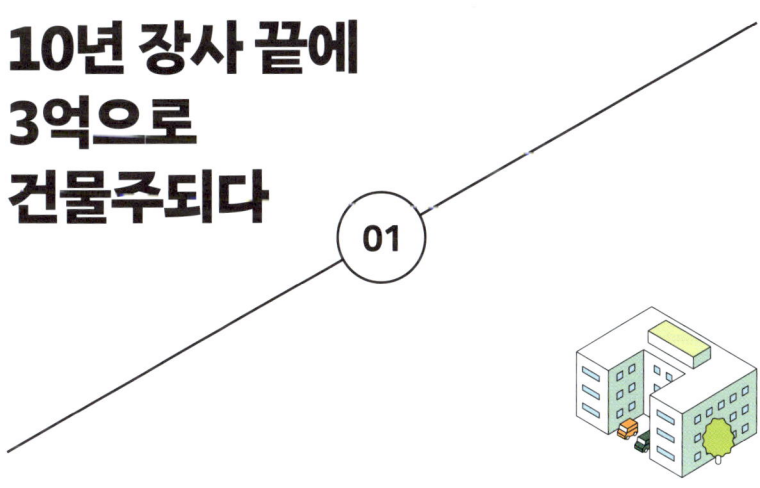

10년 장사 끝에 3억으로 건물주되다

01

장사를 오래 하다 보면 누구나 한 번쯤 같은 결론에 이른다. 아무리 장사를 잘해도 결국은 '자리가 전부'라는 사실이다.

장사가 아무리 잘돼도 임대료가 오르거나 계약 연장이 불가능한 경우 등 언제든 힘든 상황이 발생할 수 있다. 이 사례의 주인공 역시 그런 불안을 수없이 겪으며 '이제는 내 건물에서 장사를 해야겠다'는 결심을 했다. 요즘처럼 공실이 늘어나는 시기에 스스로 공간을 채우는 힘을 가진다는 건, 곧 건물의 가치를 직접 높일 수 있는 사람이 된다는 뜻이기도 하다. 장사를 해본 사람일수록 이 차이를 더 절실히 알고 있다.

/ 3억 원으로 건물주가 되기까지 /

이분은 원래 대기업에 다니던 직장인이었다. 하지만 안정적인 회사를 그만두고 창업의 길로 뛰어들었고, '쥬벤쿠바'라는 식당 브랜드를 운영하며, 1호점부터 4호점까지 확장해 나갔다. 그 과정에서 누구보다 '자리의 불안정성'을 뼈저리게 느꼈다.

10년 동안 같은 상권을 지켜보며, 장사가 잘되던 가게들이 임대료 문제로 사라지는 모습을 수도 없이 봐왔다. 결국 그는 내 건물을 사야겠다고 결심하고, '빌딩 투자 스터디'에 참여하며 본격적으로 공부를 시작했다.

공부를 하며 가장 놀랐던 점은 '생각보다 대출이 훨씬 많이 가능하다'는 사실이었다. 그러던 중 자신이 장사를 하던 샤로수길의 건물을 매입할 기회가 찾아왔다. 혹시나 하는 마음에 건물주에게 매각할 생각이 있는지 물어봤는데, 건물주가 나이가 있다 보니 매각의사를 보였다. 희망 매매가는 22억 원이었다.

너무 큰 금액이라 처음엔 감히 엄두가 나지 않았는데, 은행 여러 곳과 상담한 결과 17억 원까지 대출이 가능하다는 답을 받았다. 실제 필요자금은 5억 원 정도였고, 여기에 건물의 보증금을 감안하면 실제 투자금은 훨씬 적었다. 건물의 4층은 주택으로 임차를 주고 있었는데 보증금 1억 7,000만 원이 있었고, 1~3층에는 상가 보증금이 3,000만 원이 있었기 때문에 결국 실투자금은 3억 원 수준이었다. 당시 대출금리도 5%대로 비교적 좋은 조건이어서 그는 3억 원으로 22억 원짜리 건물을 사는 데 성공했다(당시가 2023년 말이었으니 지금은 금리가 더 내려갔을 것이다).

/ 법인 명의 매입으로 운영의 내실화를 꾀하다 /

처음에는 개인 명의도 고민했지만, 결국 법인을 설립해 법인 명의로 건물을 매입했다. 빌딩 투자를 하다 보면 법인 매입의 장점이 확실하다. 세금 구조도 유리하고, 이후 자산을 확장할 때도 훨씬 효율적이다.

흔히 '신규법인은 대출이 잘 안 나온다'고 말하지만 담보 구조를 잘 설계하면 충분히 가능하다. 그는 보유 중이던 오피스텔을 추가 담보로 설정해 대출을 받았고, 큰 자금 부담 없이 매입을 마무리했다.

17억 원에 대한 월 이자는 약 750만 원 수준이었다. 그런데 그는 기존에 1층에서 장사를 하며 월세 280만 원을 내고 있었고, 다른 층에서 발생하는 임대수익이 약 400만 원 이상이었다. 즉, 기존에 내던 임대료와 다른 층의 임대수익을 합하면 얼추 은행 이자 수준이었다.

월세를 내던 삶이 이자를 내며 자산을 쌓는 구조로 바뀐 것이다. 이제 그는 '남의 건물을 키우는 장사꾼'이 아니라 '내 건물의 가치를 키우는 사업가'가 되었다.

/ 공간을 직접 설계하고, 수익을 높이다 /

이 건물은 지하 1층부터 5층까지 총 6개 층 구조다. 현재 1, 2층은 상가로 운영 중이고, 3층은 스튜디오로 바꿀 예정이다. 4층은 주거용으로 활용하고, 5층은 본인 사무실로 활용할 계획이다. 식자재

보관 공간을 지하로 옮기면서 매장 동선도 완전히 달라졌다. 이전에는 1층 식당 한쪽에 식자재를 보관하느라 매장이 비좁고 운영이 불편했지만, 지하를 활용하면서 주방과 홀의 효율이 크게 개선됐다. 같은 면적에서 더 많은 좌석을 확보할 수 있었고, 회전율과 운영 효율이 동시에 올라갔다. 지하 공간 하나가 매장 면적과 매출 구조를 동시에 개선한 셈이다.

이 과정에서 흥미로운 일이 하나 있었다. 유명 커피 브랜드에서 입점 문의가 들어온 것이다. 그만큼 입지가 좋고, 건물이 상업적으로 충분한 경쟁력을 갖췄다는 방증이었다. 건물을 매입하고 나서 그는 이렇게 말했다.

"건물을 산다고 세상이 갑자기 바뀌는 건 아니에요. 그런데 마음이 달라졌어요. 쫓기지 않고, 월세 걱정이 사라졌다는 게 이렇게 큰 변화인지 몰랐어요."

이 말은 수많은 임차인들의 마음을 정확히 대변하는 말이다. 건물을 갖는다는 건 단순히 자산을 보유하는 일이 아니다. 안정감과 여유, 그리고 새로운 기회를 가지게 되는 것이다. 지금 내는 이자는 언젠가 원금이 되고, 그 원금은 시간이 지나 건물의 가치로 남는다. 장사를 계속하는 사람이라면 이보다 더 현실적인 투자처가 없다.

이 사례를 보며 필자는 다시 한번 확신했다. '장사는 자리를 바꾸지 않는 사람이 이긴다. 그리고 그 자리를 지키는 가장 확실한 방법은, 내 건물을 가지는 것이다.' 그게 진짜 사업가의 완성이다.

/ 장사를 하던 자리에서, 건물주가 되다 /

/ 공간을 바꾸자 임대 구조와 수익 구조가 함께 달라졌다 /

/ 임차인이 직접 쓰는 공간이 곧 건물의 경쟁력이 된다 /

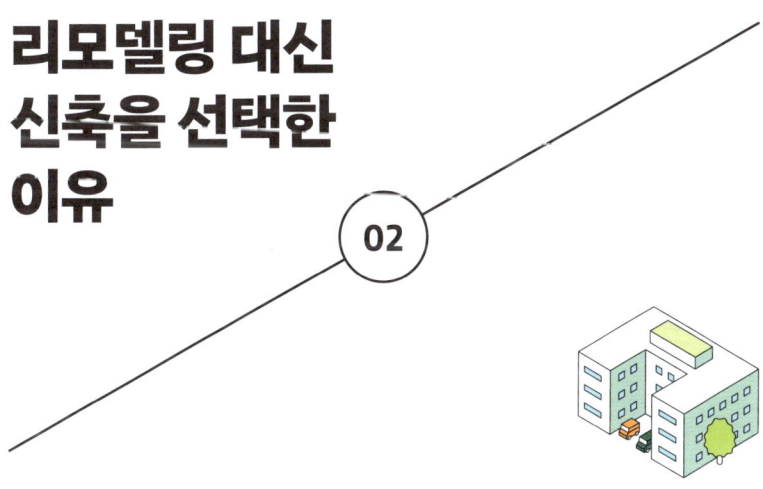

리모델링 대신 신축을 선택한 이유

02

부동산 입지 전문가로 활동해 온 A씨는 건물을 직접 지으며 실전 투자자로 변신했다. 2022년, 그가 매입한 건물은 대지면적 $168.5\,m^2$ (약 51평), 2층 규모의 노후건물로 매입가는 29억 원이었다. 처음에는 간단한 리모델링를 통해 임대를 주는 방안을 고민했다. 하지만 필자와의 상담 끝에 신축으로 방향을 전환했다.

/ 용적률 활용을 위해 신축을 결정하다 /

필자가 신축을 제안한 이유는 분명했다. 기존 건물이 법정 용적률보다 100%나 낮아 건물 활용도가 떨어진다고 봤기 때문이다. 외관을 아무리 손봐도 구조적으로 수익을 키우기 어려운 상태였다. 즉, 땅의 잠재가치를 전혀 활용하지 못하고 있었던 것이다.

물론 신축은 쉽지 않다. 공사비도 많이 들고, 기간도 길다. 하지만 이 땅은 단순히 외관만 바꿀 게 아니라 용적률을 최대한 활용해 '새 생명을 불어넣어야 하는' 상황이었다. 다만, 주변 상권을 보니 지하층 임대가 활발하지 않았고, 지하층 공사는 비용과 시간도 많이 걸리기 때문에 지하를 파지 않고 지상 5층 규모로 신축하기로 했다. 총 연면적은 335.9m²(약 102평)으로, 설계기간을 제외하고 공사기간은 10개월 정도 소요되었다. 공사비는 시설자금 대출을 추가로 받아 충당했고, 공정률마다 건축사 확인 후 매월 지급했다. 철저한 관리 속에 공사가 진행된 셈이다.

/ 언제 봐도 질리지 않는 건물을 만들고 싶다 /

공사가 마무리되고 가림막이 걷히던 날, 그는 이렇게 말했다.

"낡은 옷을 벗고 새로 태어나는 기분이에요. 나이 들어서 이런 신선한 감정을 느끼는 게 쉽지 않은데, 마치 대학을 졸업할 때, 군대를 제대할 때처럼 시원하고 새롭습니다."

그의 말에는 신축에 대한 그간의 노고가 묻어 있었다. 건물이라는 게 단순히 벽돌과 철근의 조합이 아니라, 시간과 노력, 그리고 감정이 쌓여 완성되는 결과물이라는 걸 보여주는 순간이었다. 공사가 완료된 현장에서 실제로 본 건물은 사진으로 볼 때보다 훨씬 압도적이었다. 그는 웃으며 말했다.

"현장에서 보니 생각보다 훨씬 잘 나왔어요. 사진으론 절대 이 느낌을 담을 수 없네요."

아무리 사진을 잘 찍어도 현장에서 느껴지는 힘은 따라갈 수 없다. '부동산은 결국 현장'이라는 말을, 건물 앞에서 확실히 보여주었다.

건축주는 건물 디자인에도 세심하게 침여했다. '오래 봐도 질리지 않는 건물'을 만들고 싶었다고 했다. 외벽은 붉은 벽돌로 클래식함을 살리고, 곳곳에 금색 알루미늄 시트를 포인트로 넣었다. 중후함 속에 세련된 느낌을 더한 것이다. 옥상에 오르면 탁 트인 뷰가 펼쳐진다. 최대한의 공간 효율을 뽑아낸 설계로 층별 활용도를 높였고, 주차공간도 한 대 더 확보할 수 있었다. 하나하나의 결정이 모여 '잘 지은 건물'이 되었다.

/ 빌딩은 모든 부동산 투자의 완결판이다 /

그는 신축을 고민하는 분들에게 현실적인 조언도 남겼다.

"솔직히 신축은 비용이 부담됩니다. 하지만 대출을 잘 활용하면 충분히 도전할 만해요. 대출금리가 예전엔 5%대였지만, 지금은 3∼4%대까지 내려왔어요. 지금 같은 시기는 오히려 신축을 적극적으로 고려할 타이밍입니다. 저는 아파트 투자만 25년 하다 이번에 처음 건물을 신축해 봤는데, 아파트 투자에선 느낄 수 없는 쾌감이 있었습니다. 신선했고, 또 하고 싶네요. 실제로도 계속 물건을 찾고 있습니다. 빌딩은 토지, 상가 등 모든 부동산 투자의 종합예술인 것 같아요."

건물은 준공 후 얼마 되지 않아 사옥으로 통임대가 완료되었다. 그리고 당시 4%대로 받았던 대출은 최근 금리가 내려가 3%대의 대환대출을 통해 이자를 납부하고도 더 많은 수익을 얻고 있다.

/ 붉은 벽돌과 절제된 디자인. 오래 봐도 질리지 않는 건물을 목표로 한 설계의 결과 /

/ 용적률을 최대한 활용해 새롭게 태어난 5층 신축 빌딩 /

땅의 가치를
이기는 건
없다

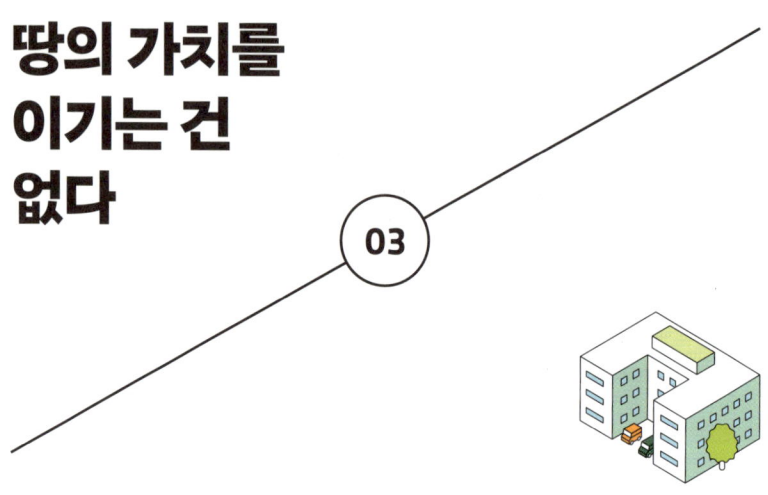

03

빛딩 투자에서 가장 중요한 건 결국 '땅의 가치'다. 지금 눈앞의 건물이 몇 층인지보다 더 중요한 건 앞으로 얼마나 더 올릴 수 있느냐가 핵심이다. 건물은 언제든 바뀔 수 있지만, 땅의 용도와 입지는 쉽게 바뀌지 않는다. 현재의 건물은 임시로 얹혀 있는 구조물일 뿐, 진짜 자산은 그 아래에 있는 '땅의 잠재력'이다.

/ 일반상업지역의 건물이 매물로 나오다 /

2020년, 필자의 사무실은 평소 인연이 깊었던 한 대표님의 역삼동 건물 일부를 임차해 사용 중이었다. 그 무렵 선릉역 인근에서 급매로 나온 건물 하나가 눈에 들어왔다. 자녀의 사업 문제로 급하게 처분해야 하는 상황이라며 나온 매물이었다.

대지 46평의 낡은 4층짜리 건물이었는데, 처음엔 70억 원에 매물로 나왔다가 공실이 많아 60억 원까지 떨어진 상태였다. 건물을 보자마자 다음 날 대표님을 모시고 바로 현장으로 갔다. 그날 현장에서 나는 임대수익률 이야기는 꺼내지 않았다. 오직 한 가지 '이 땅의 가치'에 대해서만 이야기했다.

이 건물은 일반상업지역에 위치해 있었다. 일반상업지역은 용적률이 가장 높은 지역 중 하나로, 최대 800%까지 활용이 가능하다. 2종 일반주거지역의 용적률이 200% 수준인 것을 감안하면, 같은 면적의 땅이라도 무려 4배 이상의 건물을 지을 수 있는 땅이다. 강남대로를 따라 10층, 15층 이상 올라가는 빌딩 대부분이 바로 이런 일반상업지역 위에 세워져 있다. 결국 빌딩 투자의 끝판왕은 일반상업지역이라고 해도 과언이 아니다.

이 건물은 4층짜리였지만, 위로 더 올릴 수 있는 여지가 충분했다. 문제는 대지면적이 46평으로 다소 작았고, 접한 도로 폭이 4m밖에 안 된다는 점이었다. 그런데 바로 옆 코너 건물은 12m 도로에 접해 있어 가시성이 뛰어났고, 대지면적도 더 넓었다. 옆 건물만 함께 매입할 수 있다면 이 땅의 잠재가치를 완전히 끌어올릴 수 있었다.

문제는 코너 건물이 매물로 나와 있지 않았다는 점이었다. 필자는 직접 그 건물의 건물주를 찾아갔다. 해당 건물은 강남이 처음 개발될 때부터 부모님이 보유하고 있었고, 현재는 자녀들에게 상속된 상태였다. 이런 경우는 대부분 상속세 때문에 대출이 잡혀 있고, 관리도 소홀한 경우가 많다. 그래서 매각 가능성이 높다고 판단했다. 자녀분들을 일일이 만나 이야기를 나눈 끝에 매각 의사를 끌어냈다.

코너 건물은 대지 54평으로, 희망 매매가는 130억 원이었다. 시세보다 높은 금액이었지만, 옆 건물이 시세보다 낮게 나왔기 때문에 두 건물을 묶어 보면 전체적으로는 괜찮은 수준이었다. 무엇보다 두 필지를 합치면 딱 100평, 신축하기에 이상적인 크기였다.

총 190억 원에 두 건물을 매입하고, 바로 본격적인 신축 계획에 들어갔다. 일반상업지역이었기 때문에 지하 2층, 지상 14층 규모의 신축이 가능했다. 이를 통해 확보한 연면적은 지하 포함 약 900평이었다. 만약 이 땅이 2종 일반주거지역이었다면, 지하 포함 300평 수준밖에 안 되었을 것이다. 땅의 용도지역이 건물의 크기와 가치에 얼마나 큰 영향을 주는지 보여주는 사례다.

/ 임대사업은 결국 '서비스업'이다 /

현재 이 건물 1층에는 유명한 카페가 입점해 있다. 다른 지역에서 잘 운영하던 브랜드였는데, 필자가 직접 인스타그램 DM을 보내 입점을 제안했다. 가만히 앉아 임대가 맞춰지기만 기다렸다면 이런 테넌트를 절대 얻지 못했을 것이다.

결국 임대사업도 서비스업이다. 좋은 임차인을 원한다면 건물주는 단순히 기다리기만 해서는 안 된다. 직접 뛰고, 제안하고, 설득하는 사업가 마인드를 가져야 한다. 빌딩 투자는 단순히 건물주가 되는 게 아니라, 부동산을 기반으로 하는 사업을 운영하는 것이다. 땅의 가치를 정확히 보고, 직접 움직이는 사람이 더 큰 가치를 만든다.

/ 두 필지를 합쳐 완성한 100평 대지. 용도지역이 자산의 크기를 바꾼 현장 /

/ 일반상업지역의 잠재력을 최대치로 끌어올린 신축 빌딩 /

성수동 낡은 건물이
8층 랜드마크로
다시
태어나다

04

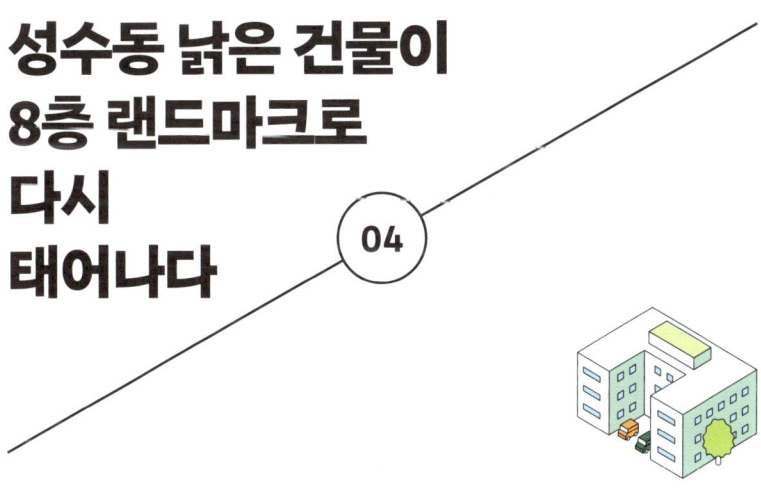

성수동은 지금 서울에서 가장 빠르게 변하고 있는 지역 중 하나이다. 한때는 공장과 창고가 빽빽이 들어서 있던 준공업지역이었지만, 지금은 트렌디한 브랜드, 카페, 갤러리, 오피스들이 모여 새로운 문화를 만들어 내고 있다. 그래서 성수동의 건물은 지금의 수익률보다 땅의 잠재력이 훨씬 더 크다.

/ 준공업지역, 그 안에 숨은 두 배의 기회 /

2020년, 성수동 한가운데에 대지 약 67평, 연면적 182평 규모의 낡은 4층짜리 건물이 있었다. 1990년에 준공된 이 건물은 지하 1층 당구장, 1층 식당, 2층 치기공소, 그리고 4층은 건물주가 직접 거주 중이었다. 임대료는 월 550만 원, 수익률은 1.2%에 불과했다. 겉보기에 너무 낡아서 매력은 전혀 없어 보였지만, 그 안에는 '미래의 가능성'이 숨어 있었다.

이 건물이 위치한 곳은 준공업지역으로, 당시 용적률은 200%였지만 법적으로 최대 400%까지 건축이 가능한 땅이었다. 즉, 지금의 건물을 허물고 새로 짓는다면 연면적을 두 배로 늘릴 수 있는 구조였다.

필자는 즉시 건축사에게 규모 검토를 의뢰했다. 검토 결과, 용적률은 399%까지 확보가 가능했고, 지상 8층 규모로 신축이 가능하다는 결론이 나왔다. 기존 182평의 연면적이 신축 후 약 322평으로 늘어날 수 있었다. 지하 1층, 지상 8층으로 계획을 세우고 구조와 디자인을 동시에 고민했다.

/ 성수동에 어울리는 예술적 감성을 품다 /

설계의 핵심은 공간의 비율과 빛이었다. 성수동은 감각적인 상권이기 때문에 단순히 건물을 크게 짓는다고 좋은 게 아니다. 보는 사람에게 인상적인 '얼굴'을 만들어줘야 한다. 그래서 전면부에는 큰 아치형 창문 세 개를 세 층에 걸쳐 연결했다. 아치형 창은 단순한 장식이 아니라 성수동이 가진 예술적인 감성을 건물 자체가 품을 수 있게 해주는 포인트였다.

외벽은 밝은 톤의 롱브릭 벽돌타일로 마감해 고급스러움을 주고, 내부는 밝은 톤으로 완성했다. 창의 크기와 위치는 패턴화하여 통일감 있게 설계해 층마다 균등한 채광을 고려했고, 옆면에서 보여지는 창의 패턴과 빛의 이동 방향에 따라 은은하게 퍼지는 느낌으로 연출

했다. 엘리베이터 홀과 계단실에도 자연 채광을 확보해 햇살이 흐르는 건물로 완성했다. 햇살이 닿은 건물은 단순한 구조물이 아니라 진짜 '공간'으로 탄생했다.

/ 주차·조경·높이 제한, 기술로 풀어낸 해법 /

문제는 주차였다. 법적으로 8대의 주차공간이 필요했지만 대지가 좁아 1층을 전부 주차장으로 쓰면 임대면적이 줄어드는 상황이었다. 그래서 지상 기계식 주차시스템을 도입하고, 소음과 진동이 실내로 전달되지 않도록 층마다 흡음재와 완충재를 넣어 시공했다.

또 법적으로 필요한 조경면적을 1층에서 확보하기 어려워 일부 옥상 조경을 법정 조경으로 인정받는 방식으로 설계했다. 옥상에는 플랜터 박스를 설치하고 초화류와 소형 수목을 심어 '도심 속 정원'을 만들었다.

건물을 올리면서 가장 중요한 포인트는 용적률 400%의 한계선 안에서 최대한의 공간을 확보하는 것이었다. 준공업지역이라 해도 가로 구역별 높이 제한이 있기 때문에 전면 도로 폭, 필지 깊이, 인접 건물 거리 등을 계산해 최적의 높이를 맞춰야 했다. 층고를 조정하고 구조보를 얇게 설계해 한 층을 더 확보하는 방식이었다. 이런 계산이 빠지면 용적률은 350% 이하로 떨어지고, 7층까지만 나올 수도 있다.

신축이 완료되었을 때, 이 건물은 완전히 다른 존재감을 드러냈다. 낡은 4층짜리 건물은 사라지고, 세련된 8층 규모의 건물이 성수동의 새로운 랜드마크로 자리 잡았다. 1층에는 유명 커피 브랜드가 들어왔고, 임대료는 이전보다 5배 이상 상승했다. 투자 당시 임대수익률 1.2%의 노후건물이, 지나가는 사람 누구나 한 번쯤은 사진을 찍는 '성수동 핫플레이스 건물'이 된 것이다.

/ 빌딩 투자의 본질은 미래의 건물을 그리는 것이다 /

이 사례가 주는 메시지는 단순하다. 빌딩 투자의 본질은 현재의 건물을 사는 게 아니라, 미래의 건물을 그려보는 것이다. 건물은 허물면 사라지지만, 땅은 남는다. 그래서 지금의 수익률이 아니라 앞으로 이 땅이 어떤 가치를 만들 수 있는지를 먼저 봐야 한다. 성수동이 이렇게 빠르게 성장할 수 있었던 이유도 바로 그 준공업지역이라는 땅의 구조적 가능성 때문이다.

/ 아치형 창과 빛의 설계로 완성된 성수동의 랜드마크 빌딩 /

/ 준공업지역의 잠재력을 온전히 담아낸 8층 신축 빌딩 /

허물지 않고
가치를 2배로
올리는 법

05

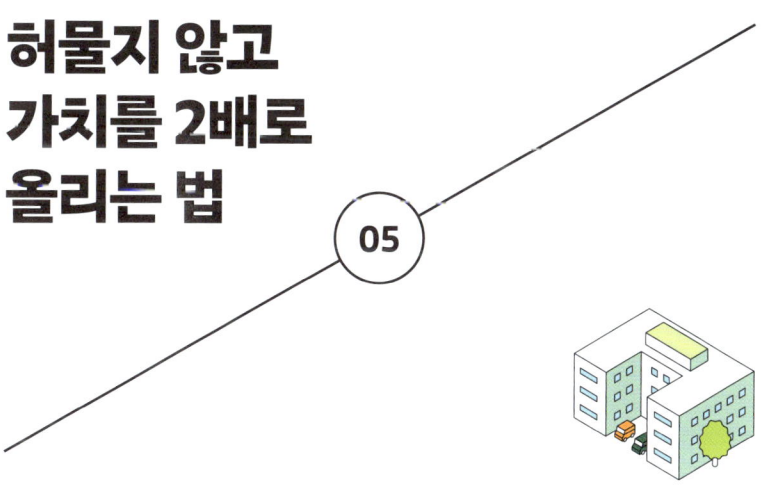

1978년에 지어진 오래된 건물이 있었다. 외벽에는 오래된 타일이 붙어 있었고, 세월의 흔적처럼 곳곳이 떨어져 나가 있었다. 겉보기엔 낡고 위험해 보였지만, 자세히 들여다보니 건물의 뼈대는 튼튼했다. 철근콘크리트 구조라 쉽게 무너지지 않고, 무엇보다 건물이 삼거리 도로에 길게 붙어 있어서 눈에 잘 띄었다. 지나가는 사람의 시선을 자연스럽게 끌어들이는 자리였다.

/ 신축과 리모델링, 어느 쪽이 유리할까? /

이 건물은 전 층이 근린생활시설로 사용되던 곳이었다. 과거 약국과 병원으로 쓰이던 곳이라 천장을 뜯어보니 층고가 높았다. 층고가 높으면 공간이 넓고 시원하게 느껴진다. 그래서 처음 현장을 봤을 때 '이 건물은 외관만 바꾸면 완전히 달라질 수 있겠다'는 생각이 들었다.

하지만 단점도 있었다. 계단이 건물 중앙에 있고, 계단을 반 층쯤 올라가면 화장실이 있었다. 엘리베이터가 없어 윗층은 늘 공실이었다. 이 문제를 해결하기 위해 기존 화장실 자리에 엘리베이터를 새로 만들고, 화장실은 건물 안쪽으로 옮겼다. 계단을 한쪽으로 옮기면 공간을 더 넓게 쓸 수 있었지만, 공사비가 많이 들고 구조도 복잡해지기 때문에 그대로 유지하기로 했다.

이 건물은 3종 일반주거지역에 위치해 있었다. 건축사가 확인해 보니 용적률이 약간 남아 있어 20평 정도의 증축이 가능했다. 문제는 주차장이었다. 보통 건물면적을 늘리면 주차공간도 늘려야 하는데, 구청과 협의한 결과 주차공간을 늘리지 않고도 증축이 가능하다는 허가를 받았다. 그 덕분에 맨 윗층을 증축할 수 있었고, 그곳에서는 동네 전경이 한눈에 펼쳐졌다.

1층은 도로를 따라 폭이 길게 형성된 구조였고, 10평 남짓한 작은 매장이 6개로 나뉘어 있었다. 처음에는 전부 터서 하나의 큰 매장으로 임대할까 고민했지만, 계산해 보니 오히려 작게 나눠 임대하는 편이 수익률이 더 높았다. 결국 기존 구조를 유지하고 리모델링을 진행했다. 설계기간이 4개월, 해체심의와 행정절차에 1~2개월, 공사 6개월, 명도기간까지 포함해 거의 2년에 가까운 시간이 걸렸다. 공사도 공사였지만, 기존 임차인이 나가는 데 오래 걸렸다.

/ 외관이 바뀌면 건물의 인상이 바뀐다 /

외벽은 커튼월 유리와 라임스톤(석재)으로 마감해 기존의 낡은 타일 건물이 신축처럼 세련되게 변신했다. 낮에는 햇빛이 유리에 반사되어 밝게 빛났고, 밤에는 내부 조명이 밖으로 퍼져 건물이 마치 거리의 랜드마크처럼 보였다. 같은 땅, 같은 구조, 같은 용적률이지만 외관과 동선만 바뀌었을 뿐인데 건물의 인상과 가치는 완전히 달라졌다.

리모델링은 새로 짓는 것보다 어렵지만, 제대로 하면 신축보다 가치가 높다. 리모델링은 낡은 건물을 허무는 대신, 뼈대는 살리고 구조를 바꿔 새 기능을 만들어 내는 일이다. 엘리베이터 하나, 창 하나, 마감 하나가 건물의 이미지를 바꾼다.

이 사례처럼 뼈대는 그대로 두고 구조와 기능을 새롭게 만드는 리모델링은 낡은 건물의 한계를 넘어 새로운 가치를 창조하는 가장 현실적인 투자법이다.

/ 리모델링 전의 건물 /

/ 리모델링 후의 건물 - 건물의 외형은 살리고 리모델링을 진행했다 /

/ 리모델링 전의 건물 /

/ 리모델링 후의 건물 - 외벽은 커튼월 유리와 라임스톤(석재)으로 마감했다 /

강남 50평 신축,
토지 매입부터
통임대까지

06

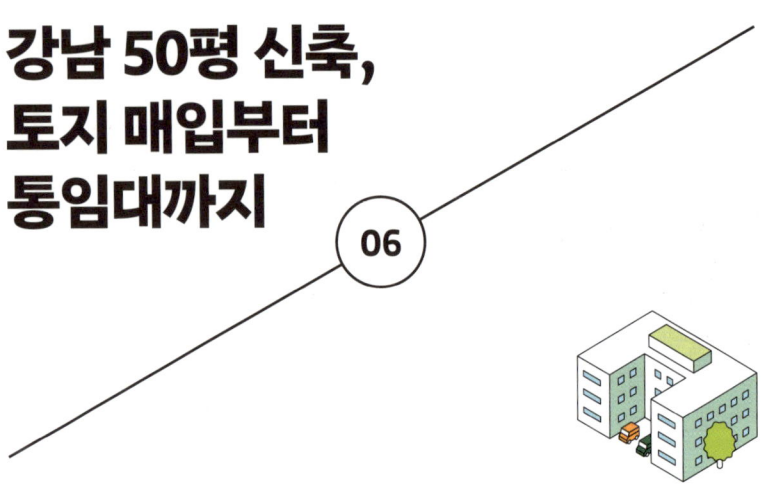

강남에 약 50평 규모의 주택 건물이 매물로 나왔다. 지하철역과는 도보 10분 이상 떨어져 있었고, 도로 폭도 넓지 않았다. 입지만 놓고 보면 아주 뛰어나다고 말하기는 어려운 조건이었다. 하지만 대로변 바로 옆의 이면도로에 위치해 있었고, 무엇보다 가격이 좋았다. 평당 5,000만 원대, 총 매입가는 20억대 초반으로, 강남에서 신축이 가능한 부지를 이 가격에 찾는 건 거의 불가능했다. 그만큼 이 매물은 '희소한 기회'였다.

/ 토지 멸실 조건으로 계약하다 /

매입가는 24억 원에 계약을 체결했고, 계약서에는 두 가지 중요한 조건을 명시했다. '잔금 전까지 멸실 완료', 그리고 '명도기간 5개월'

조건이었다. 매도인과 협의할 때 핵심은 주택 상태가 아닌 토지 상태로 잔금을 치르기로 한 것이다. 이 조건을 넣은 이유는 명확했다. 주택이 아닌 상태여야 대출이 정상직으로 가능했고, 주택 취득세 중과를 피할 수 있기 때문이다.

하지만 당시에는 여유 있다고 생각한 일정이 행정절차 때문에 예상보다 오래 걸렸다. 건물 철거는 일주일 만에 끝났지만, 멸실 신고와 건축물대장 말소 등 행정처리에 두 달 이상이 소요되었다. 특히 매도인이 연내에 잔금을 받아야 세금 문제를 피할 수 있었는데, 12월 중순까지도 행정처리가 완료되지 않아 조급한 상황이었다. 엎친 데 덮친 격으로 대출 변수도 발생했다. 당초 협의하던 1금융권 은행에서 '부동산 임대업 대출 한도가 모두 소진되어 대출이 불가능하다'고 통보해 온 것이다. 결국 새로운 대출처를 찾아야 했다. 평소 알고 지내던 2금융권 지점장이 18억 원까지 대출이 가능하다고 제안했다. 금리도 1금융권과 큰 차이가 없었고, 상황이 나아지면 1금융권으로 갈아타라는 조언도 해주었다. 이 조건으로 대출을 진행해 12월 마지막 평일 오전, 건축물대장 말소 확인 후 잔금을 치렀다. 그날 바로 소유권이전등기까지 완료했고, 며칠 뒤 등기사항전부증명서에 소유자 변경이 반영되었다.

/ 잔금 전 설계 착수로 시간을 벌다 /

건물 철거가 끝난 상황이라 잔금 전인 10월부터 설계에 착수했다. 건물 용도는 오피스 임대를 염두에 두었고, 기본설계부터 실시설계까지 약 4개월이 걸렸다.

디자인 방향은 가성비가 좋고 깔끔한 형태, 색상은 흰색 계열로 정했다. 작은 건물일수록 밝은색을 써야 실제보다 커 보이기 때문이다. 채광 확보를 위해 창을 크게 내고, 대지가 작더라도 엘리베이터는 필수로 설치했다. 필자는 4층 이상 건물에는 엘리베이터가 반드시 필요하다고 생각한다. 층당 약 2.5평 정도 면적이 줄더라도 장기적으로 보면 임대나 매각할 때 엘리베이터 유무는 굉장히 중요하기 때문이다. 이 건물에는 건폐율에 포함되지 않는 장애인용 엘리베이터를 설치했다. 규격은 13인승으로 일반적인 소형 빌딩보다 넉넉한 크기였다.

공용공간(엘리베이터 홀, 계단실, 화장실)은 밝은 톤으로 마감해 개방감을 주었고, 내부는 임차인이 인테리어를 자유롭게 할 수 있도록 미장까지만 마감했다. 냉난방기도 시공사에 맡기지 않고, 별도의 전문 업체를 직접 컨택해 설치했다. 시공사와 사전 협의해 공정이 맞물릴 시점에 냉난방기 설치를 진행하여 비용을 절감했다. 2021년은 자재비와 인건비가 급등하던 시기였기 때문에 이처럼 공정관리와 발주시점을 조절해 비용 상승을 최소화했다.

토지 매입비, 취득세, 공사비를 모두 포함한 총 투자금은 약 35억 원이었다. 이 중 대출이 23억 원, 실제 투입한 자기자본은 약 12억 원 수준이었다. 강남에서 50평 규모의 신축 오피스 빌딩을 이 구조로 완성했다는 점에서, 이 사례는 '작은 땅에서도 충분히 사업이 된다'는 걸 보여줬다.

/ 통임대 시에는 반드시 제소전화해조서를 작성하라 /

신축 완료시점에 맞춰 곧바로 임대 마케팅을 시작했다. 역과는 다소 거리가 있었지만, 신축 건물이라는 징점이 컸다. 약 두 달 만에 보증금 2억 원, 월세 1,300만 원 조건으로 통임대가 성사되었다.

통임대의 장점은 관리가 편하다는 점이다. 임차인이 전기, 수도, 청소, 엘리베이터 점검비 등을 직접 관리하기 때문에 건물주는 화재보험료와 재산세 외에 별도의 관리비 부담이 없다. 덕분에 운영 부담이 적고 실질수익률이 높다.

물론 단점도 있다. 임차인이 월세를 연체하거나 갑자기 나갈 경우 건물 전체의 수익이 멈춘다. 그래서 이에 대비하기 위해 '제소전화해조서'를 작성했다. 제소전화해조서는 임대인이 임차인과 법원에서 미리 작성하는 문서로, 임대료가 연체될 경우 별도의 소송 절차 없이 곧바로 명도절차를 진행할 수 있다. 보통 임대인과 임차인이 비용을 절반씩 부담해 작성하는데, 화해조서를 작성해 두면 만약의 상황에서도 리스크를 최소화할 수 있다.

/ 강남 신축이 알려주는 세 가지 원칙 /

이 프로젝트는 토지 매입부터 철거·설계·시공·임대까지 모든 과정을 필자가 직접 관리하며 진행했다. 처음 계획부터 완공까지 약 1년 반이 걸렸고, 큰 변수 없이 마무리할 수 있었다. 흔히 "신축 한 번 하면 10년이 늙는다"고 말하지만, 철저한 계획과 일정관리가 있다면 신축도 충분히 체계적으로 진행할 수 있다.

이 강남 신축 프로젝트를 통해 다시 한번 확인한 원칙은 세 가지다.

첫째, 매입시점에서 명확한 조건(멸실조건, 명도기간, 대출구조)을 확실히 협의해야 한다.

둘째, 직접 사용할 게 아니라면 설계와 시공 과정에서 가성비 있는 선택을 하고, 직접 발주할 수 있는 부분은 직영으로 진행해야 한다.

셋째, 임대 후 운영 단계에서는 제소전화해조서 등 법적 안전장치를 마련해 두는 것이 좋다.

이 세 가지 원칙만 지키면, 작은 대지 위에서도 수익성과 안정성을 동시에 갖춘 신축 투자가 충분히 가능하다. 결국 신축의 성패는 '얼마나 크게 짓느냐'가 아니라, 처음부터 끝까지 얼마나 현실적으로 계획하느냐에 달려 있다.

/ 신축 전의 건물 - 주택으로 사용되던 기존 건물의 모습 /

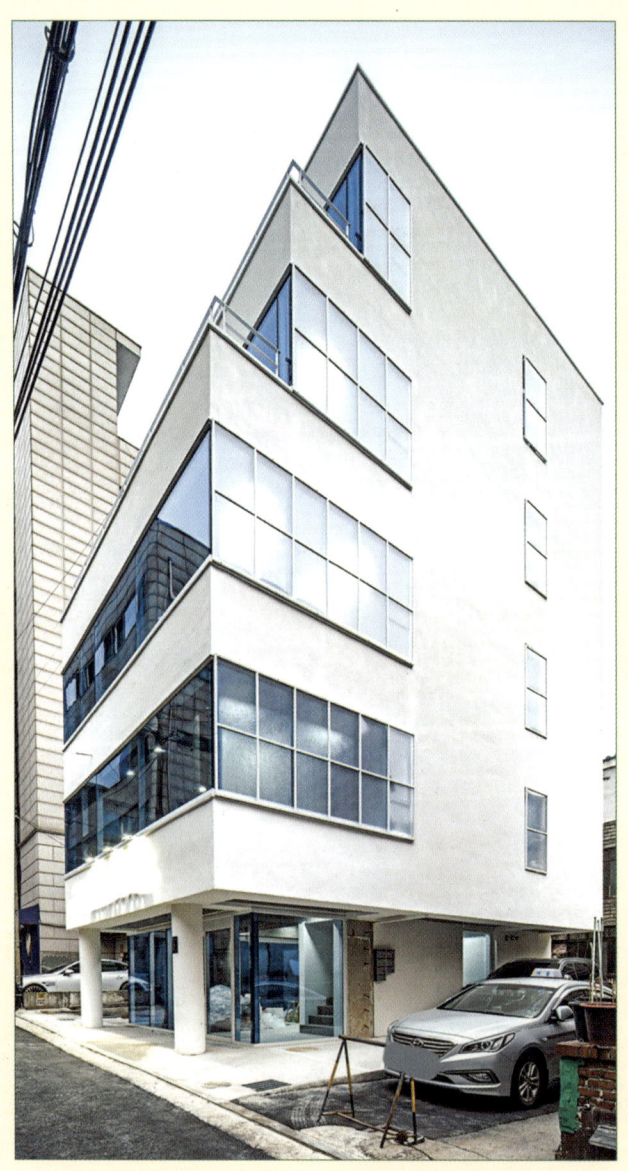

/ 신축 후의 건물 - 깔끔한 형태의 흰색 오피스 빌딩으로 새롭게 완성된 모습 /

국밥집 건물이
랜드마크
카페로
변신하다

07

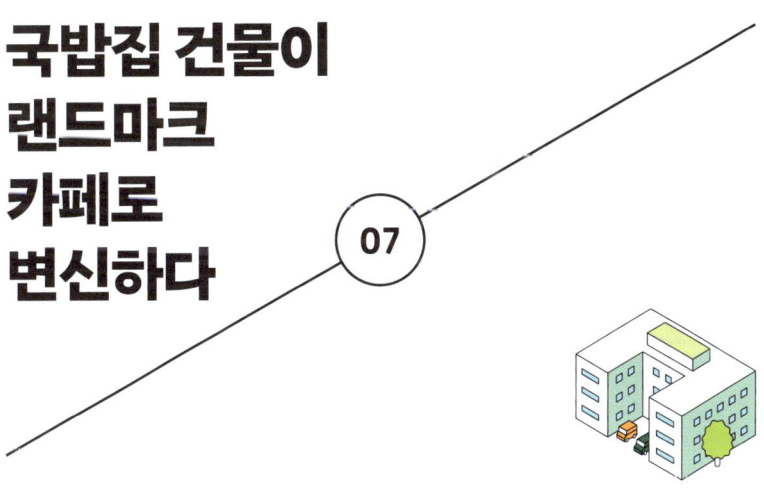

오래된 건물이 완전히 새로 태어났다. 예전에는 벽이 어둡고 낡아서 눈길이 가지 않았던 건물이, 이제는 그 동네를 지나가는 사람이라면 누구나 한 번쯤 쳐다보는 랜드마크 건물이 되었다.

원래 이곳은 국밥집이 있던 오래된 근린생활시설 건물이었다. 외벽은 오래된 화강석으로 마감되어 있었고, 창문은 작고 어두워 전체적으로 답답한 인상이 강했다. 하지만 리모델링을 통해 완전히 새로운 건물로 재탄생했다.

/ 건물이 가진 입지와 뷰를 살린 디자인 /

외관은 기존 화강석을 걷어내고 롱브릭 타일로 새로 마감해 따뜻하고 고급스러운 질감을 줬고, 아래층과 위층에 서로 다른 톤과 크기의 타일을 사용해 멀리서 보면 단정하고, 가까이서 보면 디테일이 살아 있는 세련된 건물로 바뀌었다.

무엇보다 중요한 것은 건물이 가진 입지와 뷰를 제대로 살렸다는 점이다. 오거리 코너에 위치한 이 건물은 어느 방향에서 봐도 시야가 트여 있다. 게다가 전면 유리창을 크게 내서 햇살이 풍부하게 들어오고, 도심 속에서도 숲과 하늘이 함께 보이는 개방감을 느낄 수 있다. 특히 7층에서는 경의선 숲길이 한눈에 펼쳐지는 압도적인 뷰를 자랑한다.

이 뷰 덕분에 리모델링이 끝난 직후, 커피 브랜드들의 입점 문의가 잇따랐고 유명 프랜차이즈 업체가 입점했다. 커피점이 들어선 이후, 주말마다 줄을 서서 기다릴 정도로 사람이 몰리고, SNS에서는 '동네 뷰 맛집'으로 불린다. 국밥집이 있던 낡은 건물이 이제는 동네를 대표하는 인기 카페 건물로 자리 잡은 것이다.

/ 내부 구조 개선으로 공간의 가치를 높이다 /

내부 역시 완전히 새로 설계했다. 기존 엘리베이터는 6층까지만 운행되었지만, 리모델링을 통해 7층까지 확장했다. 각 층마다 자연광이 잘 들어오도록 창문을 새로 배치하고, 벽체 일부를 열어 답답함을 없앴다. 6층과 7층은 테라스형 구조로 바꿔 바람이 잘 통하고, 실내 어디서나 바깥 풍경을 볼 수 있게 했다. 특히 6층에서 옥상까지 이어지는 오픈형 천장 구조는 건물 전체를 하나의 공간처럼 연결해 주며, 외부에서는 거대한 창문처럼 보이도록 시각적 임팩트를 주었다.

지하층도 전면 리모델링했다. 과거엔 냄새와 습기가 심했지만, 환기 설비와 스프링클러를 새로 설치해 쾌적한 공간으로 바뀌었다. 비상계단과 피난구를 새로 만들고, 지하로 직접 연결되는 출입구도 추가해 다양한 업종이 들어올 수 있도록 설계했다.

이 프로젝트는 단순히 낡은 건물을 고친 수준이 아니라, 도심 속 오래된 건물의 가치를 되살린 리모델링 사례다. 건물의 뼈대는 그대로 유지하면서도 디자인, 기능, 안전성, 채광, 조망까지 모든 요소를 새로 구성했다. 이 건물은 리모델링만으로도 신축 이상의 가치를 충분히 만들어 낼 수 있다는 것을 증명한 좋은 예가 되었다.

/ 리모델링 전의 모습 - 국밥집이 있던 낡은 화강석의 건물 /

/ 리모델링 후의 모습 - 화강석을 걷어내고 전면 유리창으로 개방감을 준 건물 /

/ 리모델링을 통해 경의선 숲길 뷰를 품은 카페 건물로 변신했다 /

3년 반의 여정, 성수동 사옥을 짓다

08

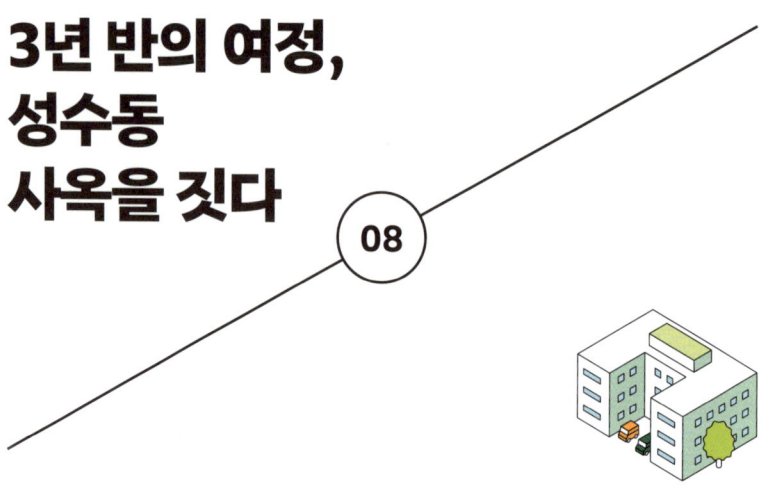

　20년 동안 한 분야에서 사업을 이어온 대표님에게 사옥은 '평생의 꿈'이었다. 남의 건물에서 10년, 20년을 보내다 보면 언젠가 내 이름이 걸린 '내 공간' 하나쯤은 갖고 싶어진다. 그에게도 그 순간이 찾아왔다.

　그는 수년간 건물 매입을 시도했지만, 계약 직전마다 무산되거나 시세가 오르며 번번이 타이밍을 놓쳤다. 그러던 어느 날, 지인의 부동산 법인에게서 땅을 소개받았다. 처음엔 두 필지 중 한 필지만 매입했지만, 결국 인연처럼 옆 필지까지 매입에 성공하며 66평 부지를 완성했다.

　부지는 서울숲 바로 옆 골목에 위치한 곳으로, 좌측으로는 서울숲, 우측으로는 아이파크리버포레아파트, 그리고 바로 앞에는 서울시 복합문화체육센터가 자리 잡고 있었다. 입지만 놓고 보면 이미 '정답'이 나오는 땅이었다. 게다가 준주거지역으로 용적률 400% 활용이 가능했고, 상부층으로 올라가면 시야가 시원하게 트였다.

/ 부지 매입부터 입주까지, 3년 반의 여정 /

"부지 매입부터 입주까지 3년 반 걸렸어요."

대표의 이 한마디가 모든 과정을 설명했다. 토지 매입, 설계, 인허가, 시공까지 단 한 단계도 쉽지 않았다. 디자이너 출신의 대표님은 남이 그려준 도면이 마음에 들지 않았다. '이왕 하는 거, 완벽하게 하자'라며 결국 설계를 전면 수정했고, 건축 허가에만 1년 넘게 걸렸다. 공사까지 포함하면 총 3년 반의 대장정이었다. 그 긴 시간 동안 포기하지 않고 끝까지 밀어붙인 집요함이 지금의 결과를 만들었다.

처음엔 리모델링만 하려고 했지만 준주거지역은 용적률이 400%까지 나오는 지역이라 '이왕이면 신축으로 가자'는 결정을 내렸다. 건축에는 초보였지만 유튜브를 보며 배우고, 직접 설계자를 찾아다니고, 현장에서 발로 뛰었다.

건물 8층에는 '살롱드엑사(Salon de Exa)', 그의 브랜드 아이덴티티를 담은 피팅 살롱이 자리한다. 20년 동안 이어온 패션 비즈니스의 정점을 보여주는 공간답게, 조명·텍스처·가구 하나까지 완벽하게 구성했다. 이 공간은 해외 유명 디자인 저널 〈FRAME〉에 소개되었고, 브론즈 상까지 수상했다.

대표실은 크지 않지만 창이 넓게 트여 있다. 창 너머로는 서울숲

/ 건물 8층에 있는 살롱드엑사(Salon de Exa) /

이 한눈에 들어오고, 반대편으로는 성수의 거리 풍경이 펼쳐진다. 게다가 이 건물은 일반 건물보다 10m 더 높게 설계되었다. 두 필지를 공동개발하면서 받은 인센티브 덕분이있다. 이로 인해 3개 층의 높이를 추가 확보했고, 건물 어디서든 탁 트인 뷰를 즐길 수 있다.

/ 입지의 디테일, 주차와 접근성의 완벽 조합 /

성수동은 주차가 항상 문제다. 하지만 이 부지만큼은 예외였다. 바로 앞에는 공용주차장(350대 규모)이 있고, 문화생태공원과도 연결되는 구조다. 이 주차장은 인근 아파트 재개발 시 기부채납으로 조성된 시설이었다. 그 사실 하나만으로도 '토지 선택을 정말 잘했다'는 확신이 들었다.

또한 건물의 의무 주차대수는 6대였지만, 성동구는 일정 금액을 납부하면 주차공간을 줄이고 상가로 전환할 수 있는 제도를 운영한다. 그 덕분에 1층 상가의 공간 활용도가 극대화되었다. 보통 주차장 때문에 죽는 1층 공간이, 이 건물에서는 오히려 핵심상권이 된 것이다.

/ 빛과 구조 – 건물이 '숨 쉬는' 공간 /

건물의 입면은 유리 블록을 활용한 '영롱쌓기' 마감으로 설계됐다. 빛이 은은하게 들어오면서 계절감이 느껴지고, 통풍이 탁월하다. 겨울엔 조금 차가울 수 있지만, 사무공간에 자연의 리듬을 가져온다는 점에서 큰 장점이다. 층고는 최소 3.7m, 1층과 지하 층고는 무려 5.3m에 달한다. 실제로 들어서면 "복층으로 써도 되겠는데요?"라는 말이 절로 나올 만큼 개방감이 크다.

탕비실과 화장실은 기존 구조를 완전히 변경했다. 동선과 소음을 분리하고, 외부 화장실처럼 활용할 수 있도록 방화문을 개방형으로 설계했다. 이런 작은 디테일 하나하나가 건물의 '완성도'를 높였다.

/ 잘 만든 건물은 결국 시장이 알아본다 /

기부채납, 설계 변경, 주차 구조조정까지 포함해 총공사비는 약 40억 원이 들었다. 쉽게 지을 수 있는 건물은 아니었다. 하지만 결과적으로는 그만한 가치가 있었다. 임차인들은 공간의 퀄리티를 알아봤다. 오히려 임대료를 더 주고라도 입주하려는 곳이 많았다. 주변 건물들이 공실일 때도 이 건물은 빠르게 임대가 완료됐다. 잘 만든 건물은 결국 시장이 알아본다는 걸 보여주는 사례다.

마지막으로 주소 이야기가 흥미로웠다. '○○○ 7길 7' 대표님은 웃으며 말했다. "이 주소 덕분에 기운이 좋은가 봐요. 입주하자마자 매출이 최고치를 찍었어요."

건물을 짓는다는 건 단순히 공간을 만드는 게 아니다. 그 안에는 의지와 철학, 그리고 시간이 담긴다. 좋은 건물은 결국 사람의 에너지를 닮는다. 성수동 사옥 역시 그랬다. 긴 시간 동안 쌓은 노력과 신념이 결국 브랜드의 깊이를 만들어 냈다.

/ 벽돌과 유리의 리듬으로 완성한 성수동 사옥, 브랜드의 철학과 시간이 공간이 되다 /

2장

빌딩 투자,
실패에서 배운다

강남 신축 통임대,
5개월 만에 13억 원
손실을 보다

01

2022년, A씨는 대지 약 50평, 연면적 약 130평, 5층 규모 강남의 신축 건물을 80억 원에 매입했다. 건물은 2022년에 막 준공된 신축으로, 한 기업이 전 층을 통임대로 사용 중이었으며 보증금과 월세 조건도 나쁘지 않았다. 공실 걱정도 없고, 신축이라 손볼 것도 없었으며 관리까지 편했다. 겉보기에는 완벽한 수익형 빌딩의 모범 사례였다.

하지만 문제는 타이밍이었다. 2022년 8월은 미국 연방준비제도(Fed)가 공격적인 금리 인상 기조를 공식화하던 시기였다. 시장은 어느 정도 금리 인상을 예상하고 있었지만, 실제 상황은 예상보다 훨씬 빠르고 거칠게 전개됐다. 불과 몇 달 사이 대출금리는 두 배 가까이 상승했고, 빌딩 거래는 급격히 얼어붙었다.

문제는 여기서 그치지 않았다. 안정적인 임대수익을 보장하던 통임대 임차인이 갑작스럽게 계약을 해지하고 나간 것이다. 매입 후 불과 세 달 만에 건물 전체가 공실이 되었다. 이자 부담은 커졌고, 대출 상환 압박이 심해졌다.

A씨는 결국 매입가보다 8억 원 낮은 72억 원에 급매로 매각할 수밖에 없었다. 여기에 취득세, 중개수수료, 중도상환수수료 등 5억 원 가량의 부대비용을 포함하면 총손실은 약 13억 원에 달했다. 매입 후 5개월 만에 발생한 결과였다.

/ 실패의 3가지 핵심 원인 /

이 사례의 본질적인 실패 원인은 세 가지다.

첫째, 금리 상승 리스크를 과소평가했다. 금리가 오르면 수익형 부동산의 실질수익률은 급격히 떨어진다. 예를 들어 대출금리가 3%에서 6%로 오르면 이자비용은 두 배가 되어 순이익이 절반 이하로 줄어든다. '강남이니까 괜찮다'는 안일한 판단이 시장 급변에 대한 대응을 늦추게 했다.

둘째, 매입가에 이미 모든 기대수익이 반영돼 있었다. 신축 건물이었고 이미 임대가 완료된 상태였기 때문에 매도자는 신축 프리미엄과 임대 안정성을 모두 반영해 가격을 책정했다. 즉, 건물의 미래 가치가 이미 가격에 포함되어 있었던 것이다. 이런 매물은 상승장에서는 프리미엄이 붙지만, 하락기에는 가장 먼저 조정되는 자산이다. 특히 이미 가치가 선반영된 신축 건물은 상승 여력이 거의 없고, 하락기에는 더 빠르게 떨어진다.

셋째, 통임대 구조에 대한 리스크를 간과했다. 통임대는 관리가 편하지만, 임차인이 나가면 전 층이 공실이 되는 구조다. 수익형 부동산에서 가장 중요한 것은 현금흐름인데, 이 구조에서는 한 번의 계약 해지로 수익이 100% 사라진다. 일반적인 층별 임대는 일부 공실이 생겨도 버틸 수 있지만, 통임대는 한 번의 해지가 곧 100% 손실로 이어진다.

/ 법적 안전장치 및 자금 구조의 중요성 /

임차인이 임대료를 납부하지 못해서 나가는 경우도 있지만 주인이 변경되었다고 나간다는 판례도 있다. 임대인이 바뀌었을 때 임차인이 새로운 임대인과의 관계 불안을 이유로 계약 해지를 인정받은 사례다. 즉, 건물을 매입하자마자 임차인이 나가더라도 이를 법적으로 막기 어려운 경우가 있다는 뜻이다. 이런 위험을 줄이려면 잔금 전에 임차인들에게 '임대인 변경에 동의한다'는 서면 확인서를 받아야 한다. 이 절차 하나만으로도 계약 안정성을 크게 높일 수 있다. 이처럼 건물의 수익률이 높다고 하더라도 임차인과의 계약 안정성, 업종 지속 가능성, 임대 구조 등은 반드시 확인해야 한다.

또한 금리 인상기에는 자금 구조를 보수적으로 설계해야 한다. 고정금리와 변동금리의 비중을 나누고, 금리가 상승하더라도 버틸 수 있는 이자 여력을 확보해야 한다. 단기수익보다는 장기보유를 전제로 한 자금계획이 필요한 것이다. 특히 신축이나 리모델링이 막 끝난 건물처럼 프리미엄이 이미 반영된 자산은 금리 변화에 따른 평가손실이 훨씬 크게 나타난다는 점을 항상 기억해야 한다.

이 사례는 강남처럼 입지가 좋은 지역에서도 시장 타이밍과 자금 여력이 충분하지 않으면 단기간에 큰 손실이 발생할 수 있다는 사실을 보여준다. 입지가 좋다고 해서 모든 리스크가 사라지는 것은 아니다. 매입도 중요하지만, 잘 운영하는 것도 중요하다.

고금리 공포 속, 기회를 놓친 건물주

02

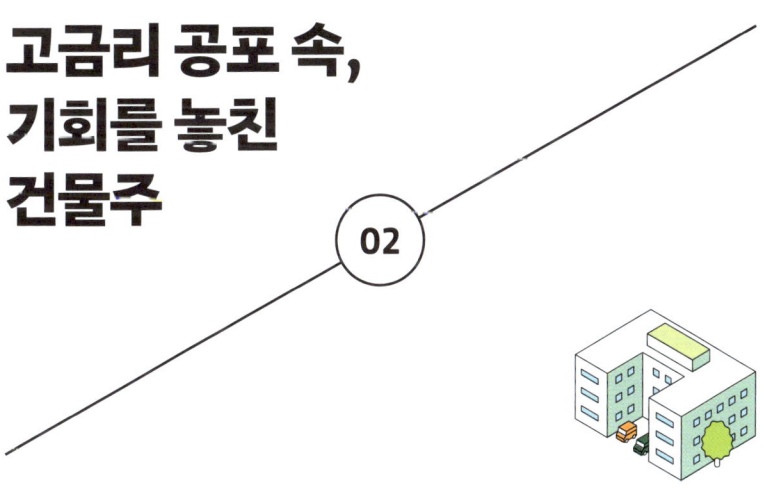

B씨는 2020년, 대지 약 70평, 연면적 약 200평, 6층 규모의 빌딩을 47억 원에 매입했다. 당시에는 시장 금리가 낮아 대출을 최대한 활용할 수 있었고, 안정적인 임대수익이 꾸준히 이어지며 건물 가치는 점차 상승했다.

하지만 2022년 하반기, 미국 연방준비제도(Fed)가 급격한 금리 인상에 나서면서 국내 기준금리도 빠르게 상승하기 시작했다. 변동금리로 대출을 받았던 B씨의 이자 부담은 두 배 가까이 늘었고, 시장에서는 '금리가 더 오를 수 있다'는 경고가 이어졌다. 시장 전체가 공포 국면으로 들어섰고, 빌딩 거래는 급감했으며 매수자는 자취를 감췄다. 결국 B씨는 불안감을 이기지 못하고, 매각을 결심했다.

/ 공포에 팔고, 기회를 넘기다 /

처음에는 70억 원에 매물을 내놓았지만 매수 문의는 거의 없었다. 가격을 점점 낮추다 결국 2022년 말, 44억 원에 매각을 진행했다. 매입가보다 3억 원이나 낮은 금액이었고, 취득세와 중개수수료, 재산세 등을 포함하면 실질 손실은 6억 원 이상이었다. 시장에 대한 공포가 냉정한 판단보다 앞섰던 것이다.

그런데 불과 몇 달 뒤, 시장의 분위기는 완전히 달라졌다. 연준이 금리 인상 속도를 늦추겠다는 피벗(pivot) 신호를 내자 빌딩 시장에도 다시 온기가 돌기 시작했다. 거래가 끊겼던 시장에 서서히 매수자가 돌아왔다.

B씨의 건물을 44억 원에 매입했던 투자자는 이 기회를 놓치지 않았다. 시장 분위기가 조금씩 회복되자, 그는 건물을 손보지 않은 상태 그대로 7개월 만에 70억 원에 재매각했다. 단순 차익만 26억 원이었다. 법인 매입으로 법인세와 각종 비용을 제하더라도 약 20억 원 가까이 순이익을 남겼다. 같은 건물로 누군가는 손실을 보고, 누군가는 큰 수익을 얻은 셈이다.

/ 시장 타이밍과 심리의 중요성 /

이 사례가 말해 주는 교훈은 분명하다. 공포에 휩싸일 때 팔면 손해를 보고, 공포 속에서도 기회를 보면 수익을 얻는다는 것이다. 2022년 하반기처럼 금리가 급등하고 시장이 불안할 때는 대부분의 투자자들이 현금 보유로 돌아서지만, 그 시기에 두려움을 이기고 진입한 사람은 회복 국면에서 큰 수익을 얻는다.

물론 이런 투자는 아무나 할 수 있는 게 아니다. 시장이 침체되어 있을 때 매입 결정을 내리려면 시장에 대한 확신과 경험이 필요하다. 단순히 용기만으로는 어렵다. 지역별 매각 사례를 꾸준히 살피고, 어떤 건물이 실제로 거래가 되는지 흐름을 읽어야 한다. 또한 금리 변동에도 버틸 수 있는 현금흐름 시뮬레이션이 필수다.

이 사례는 단기차익보다는 시장 타이밍과 심리의 힘을 보여준다. 공포가 극대화된 시점이 오히려 '기회의 시작'이 될 수 있다는 점을 잊지 말아야 한다. 좋은 입지, 합리적인 가격, 그리고 시장 회복에 대한 냉정한 판단이 있다면 고금리 시기에도 기회는 반드시 존재한다.

상권 쇠퇴의
직격탄을
맞다

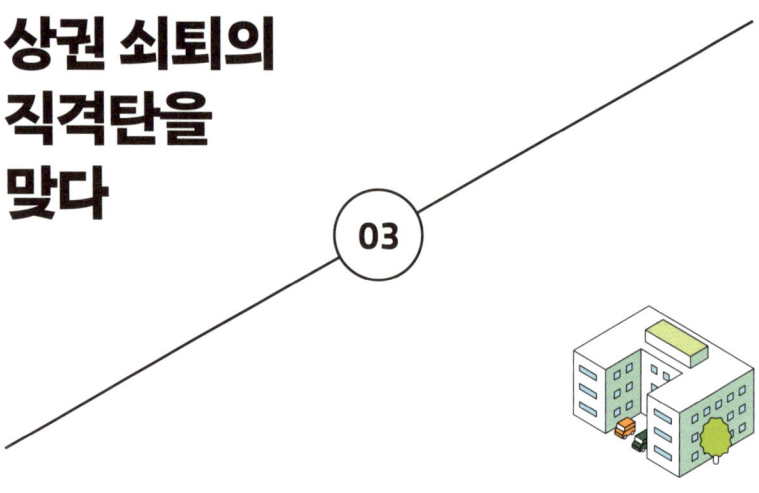

03

2016년, 서울 종로의 핵심상권 코너에 위치한 한 빌딩이 매물로 나왔다. 대지 약 30평, 연면적 약 280평 규모로, 지하 1층 지상 8층 건물이었다. 30평 남짓한 땅에서 이렇게 큰 연면적이 나올 수 있었던 이유는 이 건물을 지을 당시의 건폐율 규정 때문이었다. 당시 이 일대는 대부분 건폐율 100%를 거의 적용받아 지어졌다. 즉, 땅 전체를 건물로 채워 최대 면적을 확보한 구조였다. 지금 기준으로는 불가능하지만, 당시에는 적법하게 허가받아 준공된 건물들이 많았다.

이 건물은 상업지역에 속해 있었고, 1층에는 유명 화장품 프랜차이즈가 입점해 있었다. 임대수익률은 5%에 달했고, 종로에서도 입지가 좋은 코너 건물이었기에 매수 경쟁이 치열했다. C씨는 2016년 93억 원에 이 건물을 매입했다. 당시로서도 꽤 큰 금액이었다. 93억이면 강남 대로변에서도 경쟁력 있는 건물을 살 수 있는 수준이었다.

/ 상권 쇠퇴와 치명적인 공실 /

몇 년 지나지 않아 상황은 빠르게 달라졌다. 종로 상권 자체가 눈에 띄게 쇠퇴하기 시작한 것이다. 유동인구는 줄었고, 직장인 중심의 점심 상권만 남으면서 저녁과 주말에는 거리가 썰렁해졌다. 게다가 온라인 소비 확산과 함께 젊은 세대가 홍대, 이태원, 강남 등으로 이동하면서 기존 오래된 먹자상권의 매력은 급격히 약화되었다.

결정적인 타격은 1층 임차인이었던 화장품 매장의 퇴점이었다. 핵심 임차인이 빠지자 건물 전체의 이미지가 떨어졌고, 공실은 빠르게 늘어나며 수익구조가 완전히 무너졌다. 1층 공실은 3년 넘게 이어졌고, 건물 매각도 수차례 시도했지만 매수자를 찾기 어려웠다. 유동인구가 줄어든 상권의 건물은, 서울 한복판이라도 거래가 쉽지 않았다.

결국 C씨는 2021년, 매입 후 5년 만에 이 건물을 102억 원에 매각했다. 숫자만 보면 9억 원이 오른 것처럼 보이지만, 실제 남은 수익은 없었다. 취득세, 중개수수료, 금융비용(이자), 재산세 등을 고려하면 실질적인 수익은 거의 없었고, 오히려 시간과 기회비용 측면에서 큰 손해를 본 투자였다.

특히 2016년의 93억 원은 지금보다 훨씬 큰 돈이었다. 같은 시기에 그 돈으로 강남의 대로변 건물을 샀다면 현재는 최소 두 배 이상 올랐을 가능성이 높다. 결국 같은 금액이라도 입지와 상권의 방향성에 따라 결과는 완전히 달라지는 것이다.

/ 실패를 부른 세 가지 원인 /

이 건물의 실패 원인은 세 가지로 정리된다.

첫째, 상권 변화에 둔감했다. 상권은 살아 있는 생명체처럼 계속 이동한다. 유동인구, 업종 구조, 트렌드 변화에 따라 사람이 모이는 곳이 바뀐다. 한때 서울의 중심이었지만, 특색을 잃은 순간 급격히 하락했다. 젊은 세대가 즐길 요소가 없고, 업종이 다양하지 못한 점이 치명적이었다.

둘째, 임대수익률만 보고 매입했다. 당시 1층 프랜차이즈 덕분에 수익률이 5%를 넘었지만, 그 수익은 임차인 하나에 의존한 일시적 구조였다. 즉, 단기수익률만 보고 상권의 지속 가능성과 건물의 대체 임대 수요를 검토하지 못한 것이 문제였다.

셋째, 매입가 자체가 너무 높았다. '좋은 입지'와 '수익형 건물'이라는 이름 아래 이미 프리미엄이 충분히 반영되어 있었다. 시장이 식으면 이런 프리미엄이 가장 먼저 무너진다. 외형상으로는 멀쩡한 건물이었지만, 실질적인 투자가치는 높지 않았다. 이 건물은 매입시점부터 리스크가 내재되어 있었다고 볼 수 있다.

이 사례가 주는 교훈은 명확하다. 상권은 언제든 이동할 수 있다는 것이다. 서울 한복판이라도, 사람이 빠지면 상권은 무너진다. 특색 없는 업종, 단기수익률에 의존한 투자, 그리고 상권의 방향성을 놓친 판단은 결국 손실로 이어질 수밖에 없다. 사람이 모이는 이유가 있는 곳에 있어야 부동산 가치가 있다.

임대수익률만 보고
공유 건물을
매입하다

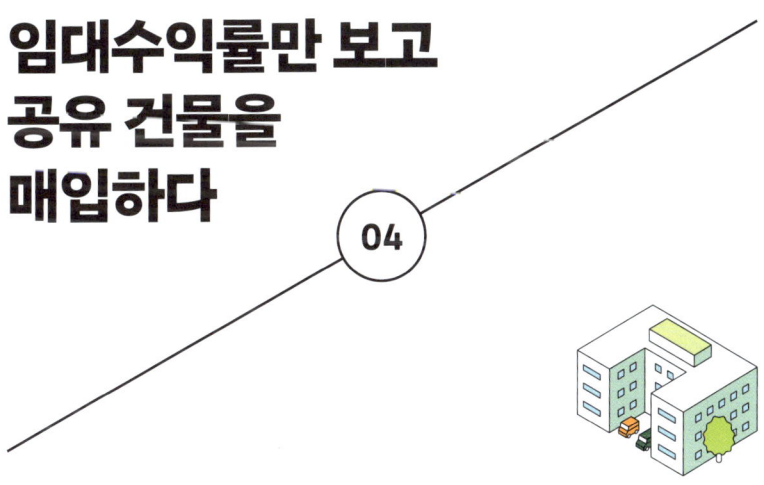

04

2019년, 서울의 대표 상권에 위치한 한 건물이 시장에 나왔다. D 씨는 약 40억 원의 대출을 활용해 총 74억 원에 건물을 매입했다. 당시 건물은 전 층이 모두 임대되어 있었고, 매입가 대비 임대수익률은 약 5%를 기록하고 있었다. 임차인 구성도 다양했고 공실도 없었다. 겉보기엔 흠잡을 데 없는 완벽한 수익형 건물이었다. '시세보다 조금 비싸지만 수익률이 좋으니 괜찮다.' 하지만 이 판단이 투자 실패의 출발점이었다.

/ 임차 구조의 한계가 드러나다 /

매입 직후 몇 년간은 별다른 문제가 없어 보였다. 그러나 시간이 지나면서 이 건물이 가진 임대 구조의 약점이 하나둘 드러나기 시작했다. 이 건물은 1층과 2층의 면적이 넓고 임대료가 높은 대신, 들어올 수 있는 업종이 제한적이었다. 대형 매장이나 특정 업종이 아니면 활용하기 어려운 구조였고, 내부 동선 역시 단독 사용이 아닌 공유 구조여서 활용도가 떨어졌다.

결국 계약 만료시점에 맞춰 1층과 2층의 주요 임차인이 재계약을 포기했다. 문제는 그다음이었다. 면적 대비 임대료 부담이 크고, 구조 변경도 어려워 대체 임차인을 찾기가 쉽지 않았다. 임대료를 낮추고 조건을 조정했지만, 쉽게 들어오는 임차인이 없었다. 핵심 층의 공실은 장기화되었고, 건물 전체 수익 구조가 급격히 흔들리기 시작했다.

최근에서야 예전보다 훨씬 낮은 임대료로 간신히 임차인을 들였지만, 그 사이 발생한 공실 기간과 임대료 하락으로 손실은 이미 상당한 수준이었다.

/ 공유 건물의 치명적인 문제 /

문제는 여기서 끝나지 않았다. 매각을 고민하며 건축물대장과 등기사항전부증명서를 다시 확인해 보니 이 건물은 옆 건물과 물리적으로 붙어 있었고, 심지어 계단과 복도 일부를 함께 사용하는 공유 구조였다. 등기상으로는 '가동'과 '나동'으로 등록된 하나의 건물이었다. 즉, 법적으로 완전히 독립된 건물이 아니라 지분 형태의 공유 건물이었던 것이다. 매입 당시에는 높은 수익률 때문에 간과했던 부분이었다.

일반적으로 건물은 한 필지 안에 하나의 독립 건물로 존재해야 신축이나 리모델링, 매각 시 문제가 생기지 않는다. 하지만 이런 식으로 옆 건물과 구조를 공유하고 있으면 재·신축을 하거니 리모델링을 할 때 상대 건물주의 동의 없이는 아무것도 진행할 수 없다. 공용 계단과 복도가 연결된 상태에서는 한쪽만 철거하기도 어렵다. 결국 이 건물은 '내 건물처럼 보이지만, 사실상 공동으로 묶인 건물'이었던 셈이다.

이 구조적 문제는 매각 시점에서 더 크게 드러난다. 매수자는 건물 구조를 세밀하게 따지기 때문에 등기상 가동, 나동으로 되어 있거나 공용공간이 존재하는 건물은 매입을 꺼린다. 이런 경우는 보통 한 명의 매수자가 통째로 매입하는 것이 가장 좋은데, 정상적인 시세보다 낮은 가격을 협상조건으로 내세우게 된다. 높은 수익률만 보고 시작한 투자가, 구조적 결함 때문에 출구에서 막혀버린 것이다.

/ 수익률보다 '법적 독립성'을 확인하라 /

이 사례는 부동산 투자에서 임대수익률이라는 숫자에만 집중했을 때 생길 수 있는 대표적인 위험을 보여준다. 당시에는 수익률이 좋아 보였지만, 건물 자체가 법적으로 불안정하거나 물리적으로 독립되어 있지 않으면 나중에 신축, 리모델링, 매각 등 모든 단계에서 문제가 발생한다.

따라서 오래된 상권의 건물을 매입할 때는 항상 토지이용계획서, 건축물대장, 등기사항전부증명서를 함께 확인해야 한다. 이런 곳은 두 건물이 붙어 있거나 공용 구조를 가진 경우가 많기 때문이다. 토지와 건물이 각각 독립된 필지인지, 건물 간 경계가 명확한지, 공용 공간이 공유되지 않는지를 꼼꼼하게 점검해야 한다. 처음엔 괜찮겠지 싶지만, 나중에 건축행위를 하거나 매각을 진행하려 할 때 예상치 못한 제약이 생길 수 있다.

결국 이 사례는 하나의 교훈으로 정리된다. 임대수익률보다 더 중요한 건 건물의 구조와 법적 독립성이다.

강남 건물,
무조건
좋은 것은
아니다

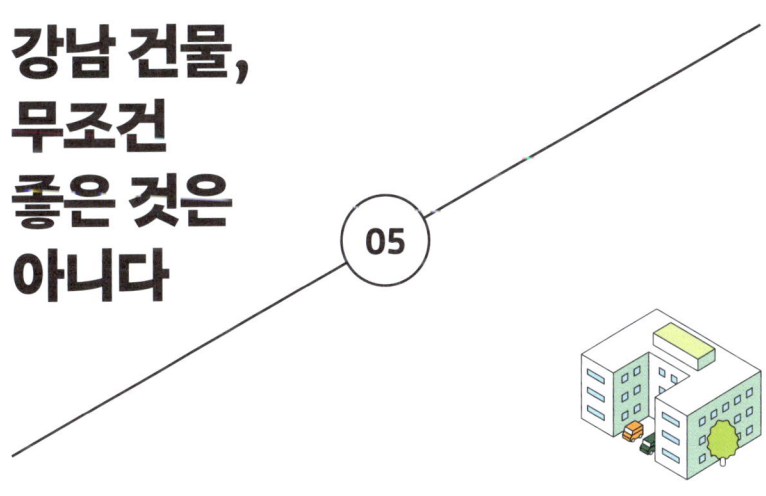

05

강남구에 대지 33평, 임대수익률 3%짜리 건물이 57억 원에 매물로 나왔다. 강남이라는 지역 프리미엄에 비해 매입금액이 50억 원대라는 점이 가장 큰 매력이었다. 다가구주택을 리모델링한 지 얼마 되지 않아 외관 상태도 깔끔했고, 소형 건물임에도 불구하고 전 층이 통임대 형태로 운영되고 있었다. '강남에서 이 가격이면 더 오를 여지가 있다'는 기대가 자연스럽게 생길 수밖에 없는 매물이었다. E씨는 2022년, 이 건물을 57억 원에 매입했다.

/ 비정상적인 임대료와 치명적인 구조적 한계 /

하지만 기존의 임차인이 나가며 모든 상황이 바뀌었다. 기존 임차인은 작은 규모의 법인으로 사옥 용도로 사용하며 높은 임대료를 감당하고 있었지만, 이 임대료는 일반적인 시장 수요를 반영한 수준이 아니었다. 즉, 특정 임차인의 사정에 맞춰 형성된 임대료였고, 이를 대체할 수 있는 수요층은 매우 제한적이었다. 임차인이 퇴거하자, 이 건물은 곧바로 '가격 대비 활용이 애매한 건물'로 인식되기 시작했다.

신규 임차인을 찾기 위해 임대료를 조정했지만, 기대만큼 반응은 없었다. 이유는 분명했다. 건물의 구조적 한계가 뚜렷했기 때문이다. 대지면적이 33평, 연면적이 70평밖에 되지 않다 보니 한 층당 면적은 18평 남짓이었고, 실제 전용면적은 10평 초반 수준에 불과했다. 상가나 사무실로 쓰기에는 작고, 통임대를 하기에는 전체 규모가 애매했다. 게다가 도로 폭이 약 4m로 차량 한 대가 겨우 지나갈 정도여서 차량 접근성도 떨어졌다. 위치는 '강남'이었지만, 유동인구가 많은 주요 상권과는 거리가 있었다.

/ 최종 손실액은 10억 원 /

시장 상황은 시간이 갈수록 더 나빠졌다. 임대 수요가 줄면서 공실이 길어졌고, 금리 역시 빠르게 올라 이자 부담이 커지자 버티기 어려운 상황이 되었다. E씨는 한때 80억 원에 매물을 내놓기도 했지만 문의조차 없었다. 이후 매매가는 계속 조정됐고, 결국 매입한 지 2년 반이 지난 2024년에 52억 5,000만 원에 매각이 이루어졌다.

단순히 계산하면 57억 원에 매입해 52억 5,000만 원에 매각했으니 4억 5,000만 원 손해라고 생각하지만, 여기에 취득세, 중개수수료, 기타 부대비용을 포함하면 실제 손실은 약 8억 원대였다. 그리고

2년 반 동안 발생한 대출이자까지 합하면 총 손해액은 약 10억 원에 달했다.

/ '입지 + 수익 + 구조'의 균형 /

이 사례에서 배워야 할 점은 분명하다. 입지만 보고, 건물 상태만 보고, 수익률 숫자만 보고 판단하면 안 된다는 것이다. 선호지역이라도 건물의 구조, 면적, 도로 폭, 접근성, 주변 시세, 임대 수요 등을 종합적으로 봐야 한다. 겉보기엔 '강남 50억대 건물'로 매력적으로 보였지만, 실제로는 매입가 대비 임대료 수준이 비정상적으로 높았고, 공간 활용성과 접근성이 떨어지는 구조적 한계가 있었다.

빌딩 투자의 핵심은 '입지 + 수익 + 구조'의 균형이다. 셋 중 하나라도 어긋나면 시장 조정기에는 가장 먼저 흔들린다. 이 사례는 겉보기엔 좋아 보여도, 기본 분석을 소홀히 하면 얼마든 손실로 이어질 수 있다는 사실을 보여주는 대표적인 예다.

Part
3

서울시내,
빌딩 상권 분석

상권이
안 좋아진
지역 분석

01

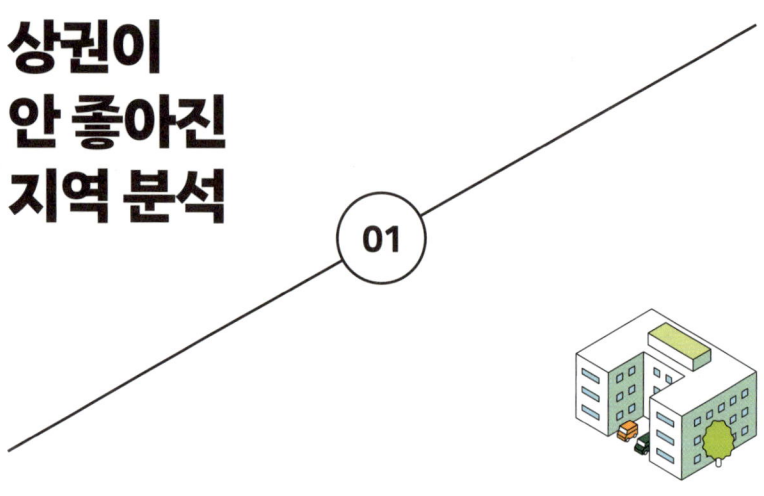

빌딩 투자의 핵심은 결국 '입지'다. 그리고 입지는 살아 움직이는 '상권의 힘'에 의해 결정된다. 한때 서울의 심장이라 불렸던 종로, 젊음의 트렌드를 이끌었던 이대와 가로수길처럼 영원할 것 같던 상권도 소비 트렌드의 변화, 지나치게 높은 임대료, 도시계획의 제약 등으로 인해 순식간에 활력을 잃을 수 있다.

여기에서는 서울의 주요 상권이 쇠퇴하게 된 구조적인 원인을 분석하고, 건물의 가치가 임대수익률이라는 단순한 숫자가 아닌 '상권의 생존력'에 달려 있음을 보여준다. 공실이라는 위기 속에서 기회를 포착하고, 임대료 현실화와 콘텐츠 재구성이라는 해법을 통해 상권의 미래를 읽어내는 냉정한 투자자의 시선을 가져보자.

/ 이대역 : '지역만의 색'을 잃어버린 상권의 생존전략 /

이대역 상권은 한때 서울을 대표하는 핵심상권이었다. "이대 앞에 가면 다 있다"는 말이 있을 정도로 유동인구가 많았고, 스타벅스 국내 1호점이 이대 앞에 들어설 만큼 활발한 지역이었다. 하지만 지금의 이대 앞 거리는 과거의 활기를 완전히 잃었다. 이대 상권이 무너진 원인은 복합적이다.

첫 번째는 소비 트렌드의 변화다. 무신사 같은 온라인 플랫폼이 오프라인 패션 매장을 대체하면서 이대 앞 패션 거리는 경쟁력을 잃어갔다.

두 번째는 상권 이동이다. 홍대 상권이 문화, 예술, 먹거리, 유흥이 결합된 복합상권으로 발전하면서 이대와 신촌의 고객층이 모두 홍대로 흡수됐다.

세 번째는 관광객 수요의 이탈이다. 한때 K-패션의 중심지로 외국인 관광객이 몰렸지만, 이들이 홍대·명동·강남 등으로 이동하면서 매출이 급감했다.

네 번째는 지구단위계획에 따른 업종 제한이다. 이대역 인근은 일정 기간 동안 업종 제한이 걸려 있어 의류·미용실 등 일부 업종만 허용되고 음식점·주점·카페 같은 복합형 매장의 입점이 어려웠다. 결국 소비자가 쇼핑·식사·여가를 한 번에 즐기기 어려운 상권인 것이다.

마지막으로는 지역적 개성의 부재다. APM 건물처럼 너무 상업적으로만 개발되어 지역의 역사적 맥락이나 공간적 매력이 완전히 사라졌다. 사람들이 '이대에만 있는 무언가'를 느낄 수 없게 된 것이다.

이처럼 이대 상권의 쇠퇴는 단순히 경기 침체 때문만이 아니다. 소비 트렌드의 변화, 상권 이동, 업종 제한, 정체된 개발 방향, 그리고 '지역만의 색'을 잃어버린 결과다. 이대 상권이 다시 부활하려면 이대만의 이야기를 담은 공간, 젊은 창업자들이 도전할 수 있는 구조, 그리고 지역을 함께 키우는 마케팅이 필요하다. 지금의 이대는 변화의 기로에 서 있다. 그 변화를 제대로 이끌지 못하면 이대역 상권은 서울의 잊혀진 거리로 남을 것이다.

/ 가로수길 : 건물주들의 공멸과 재도약의 조건 /

가로수길은 지금 공실이 정말 심각하다. 현장에 가보면 60~70% 이상 비어 있는 것처럼 느껴진다. 강남구 평균 공실률이 15% 안팎인데, 가로수길은 그 두 배가 넘는다.

가로수길 쇠퇴의 가장 큰 원인은 비현실적인 임대료다. 임차인은 높은 임대료 때문에 들어오지 않고, 건물주는 손해를 보지 않으려 버틴다. 그 결과, 임차인도 건물주도 모두 손해를 보는 구조가 고착되었다. 지금도 전 층 통임대 기준으로 월세 1억 원 이상, 전용면적 기준 평당 80만 원대 같은 비현실적인 금액이 붙어 있다. 실제 거래 사례를 보면 2016년에 325억 원에 거래된 코너 빌딩이 최근 300억 원에 원가 이하로 매각되는 등 장기 공실을 버티다 결국 손해를 보고 나가는 사례가 늘고 있다.

현재 가로수길 상권에 희망을 볼 수 있는 부분은 일조권 사선 규제 완화다. 이 완화로 인해 건물 형태를 좀 더 실용적이고 효율적으로 설계할 수 있게 되었다. 이는 향후 리모델링이나 재건축 시 공간 활용도를 높일 수 있는 중요한 기회다. 또한 이면 상권인 세로수길은 임대료가 가로수길보다 절반 수준으로 형성되어 있어 상대적으로 안정적이다. 여기에서 새로운 변화의 움직임이 나타나고 있다.

결국 가로수길이 다시 살아나려면 건물주들이 함께 움직여야 한다. 개별 건물 단위로 버티는 게 아니라, 거리 전체를 하나의 브랜드로 보고 공동 전략을 세워야 한다. 압구정 로데오 거리처럼 임대료를 현실화하고, 임차인에게 유리한 조건을 제시하며, 장기적인 거리 생태계를 만드는 노력이 필요하다.

하지만 물리적인 조건만 바꾼다고 해결되진 않는다. 가로수길은 '콘텐츠가 사라진 거리'가 되었다. 사람들이 굳이 찾아올 이유가 없는 곳이 된 것이다. 이제는 성수·한남처럼 '가야 할 이유'를 만들어야 한다. 패션, 예술, 카페, 갤러리, 브랜드 팝업이 공존하는 복합 문화거리로 다시 태어나야 한다.

/ 종각역 : 새로운 변화의 조짐과 재도약의 가능성 /

종각역 상권은 1980~1990년대에 형성된 뒤 한때 서울의 중심이었으나, 2010년대 중반부터 홍대·이태원 같은 새로운 문화상권이 등장하고 대형 프랜차이즈 매장으로 상권이 획일화되면서 활력을 잃었다.

하지만 최근 들어 종각역 상권에 변화의 조짐이 보이고 있다. 가장 큰 이유는 임대료 조정이다. 건물주들이 몇 년째 공실을 버티다 결국 임대료를 내리기 시작했고, 현실적인 가격 조정이 임차인 유입으로 이어지고 있다. 또 하나의 이유는 외국인 관광객의 증가다. 청계천 복원 이후 종로 일대를 방문하는 외국인이 늘면서 명동과의 접근성을 바탕으로 관철동, 종로2가 일대가 조금씩 활기를 되찾고 있다.

앞으로 관철동 상권이 더 성장하려면 단순히 임대가 채워지는 수준을 넘어서야 한다. 특색 있는 거리의 정체성을 만드는 게 핵심이다. 청계천과 바로 맞닿아 있다는 입지를 살려 테마형 거리로 재구성할 수 있다면 '종로만의 경험'을 제공할 수 있다.

종각역은 교통 접근성이 좋고, 주요 업무지구와 가까우며, 외국인 관광객도 꾸준히 유입되는 등 입지적 강점이 충분하다. 다만 투자 관점에서는 주의할 점이 있다. 이 지역의 건물들은 대부분 노후되어 있으며, 지금 기준으로 용적률이나 건폐율을 초과하는 경우가 많다. 신축을 계획한다면 기존 면적만큼 건물을 올릴 수 없는 사례가 많으므로, 매입 전에 반드시 구조·허가이력·용도지역 등을 꼼꼼히 검토해야 한다. 또한 과거 호황기 기준의 높은 수익률을 기대해서는 안 된다. 최근 임대시세, 최근 매각 사례, 공실률까지 모두 반영하여 지금의 시장가격을 기준으로 냉정하게 판단해야 한다.

결국 종각역과 관철동 상권은 '새로운 정체성을 만들어야 하는 상권'이다. 프랜차이즈 중심의 거리에서 벗어나 로컬 문화와 콘텐츠가 공존하는 거리로 바뀌면 종로는 다시 서울의 중심으로 돌아올 수 있다. 종로의 경쟁력은 결국 역사성과 변화 가능성 두 가지를 어떻게 조화시키느냐에 달려 있다.

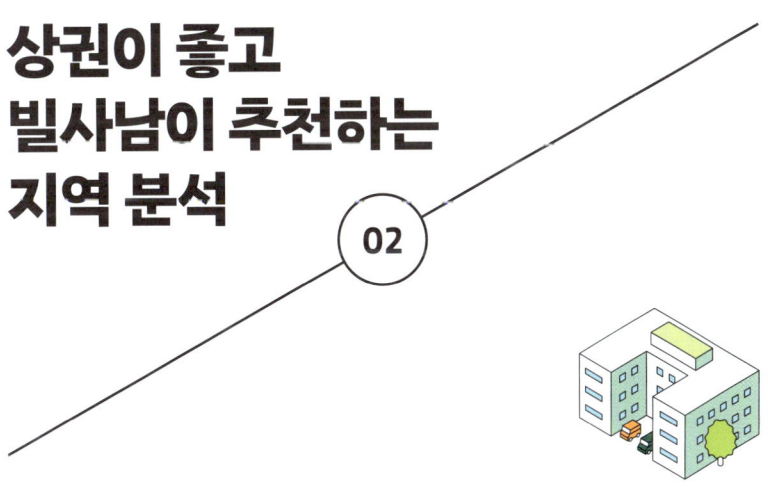

상권이 좋고
빌사남이 추천하는
지역 분석

02

위기를 기회로 바꾸는 빌딩 투자의 핵심은 '위기에도 거래가 끊기지 않는 확실한 입지'를 찾는 데 있다. 시장이 불안할수록 자금은 안전한 곳으로 이동하고, 이때 선택받는 지역은 늘 비슷하다. 거래가 이어지고, 임차 수요가 꾸준하며, 도시의 방향성과 함께 움직이는 곳이다.

여기에서는 필자가 현장에서 직접 경험하며 확인한 서울의 대표적인 우량 상권인 강남을 중심으로, 미래 도시 재편의 중심이 될 삼성동, 고급 브랜드 상권으로 진화한 도산공원, 그리고 폭발적인 잠재력을 가진 성수동과 한남동의 투자포인트를 상세히 분석한다. 단기적인 수익률보다 장기적인 '땅의 가치'에 베팅해야 하는 이유와 그지역의 독특한 개발 흐름을 읽는 실전적인 노하우를 제시한다.

/ 강남 : 압도적인 환금성과 교통의 중심 /

빌딩 투자를 계획한다면 가장 먼저 봐야 할 지역은 단연 '강남'이다. 서울에서 거래가 가장 많고, 매수·매도가 활발한 지역이기 때문에 환금성이 높다. 그래서 강남은 서울 사람들뿐 아니라 수도권이나 지방 사람들도 관심이 많다. 그만큼 투자자들이 많고, 실제 거래도 활발하다.

하지만 강남구 전체가 다 같은 건 아니다. 같은 강남이라도 동마다 분위기와 거래량, 시세가 다르다. 역삼동이 거래가 가장 많고, 그다음이 논현동, 신사동, 청담동, 대치동, 삼성동 순이다. 반면 도곡동이나 개포동은 주거 중심지라 빌딩 거래가 적다. 즉, 강남이라는 이름만 보고 접근하기보다 '어떤 블록이 실제로 거래가 이어지고 있는가'를 봐야 한다.

(출처 : 강남구청 홈페이지)

강남이 꾸준히 인기가 있는 이유 중 하나는 교통 인프라다. 지하철만 봐도 2호선, 3호선, 7호선, 9호선, 분당선, 신분당선 등 무려 여섯 개 노선이 강남을 지난다. 서울은 물론, 수도권에서도 오기 쉽다. 버스 노선도 다양하고, 광역버스도 충분히 연결되어 있어 접근성이 좋다. 도로도 바둑판처럼 반듯하게 정리되어 있어 차를 타고 이동하기에도 편하다.

교통이 편하면 사람이 모이고, 사람이 모이면 상권이 생긴다. 그래서 강남은 회사, 음식점, 카페, 병원, 학원 등 사람들이 필요로 하는 거의 모든 업종이 모여 있다. 이런 곳은 자연스럽게 임대료도 오르고, 건물 가격도 같이 올라간다.

또 강남에 사는 사람들은 다른 지역보다 자기 지역 안에서 투자하는 걸 더 선호한다. 즉, 강남 안에서 사고파는 사람들이 많기 때문에 가격이 쉽게 떨어지지 않고 꾸준히 유지되거나 오르는 경향이 있다. 그래서 빌딩 투자를 시작할 때 가장 먼저 살펴봐야 할 곳이 바로 강남이다. 강남 안에서도 상권이 탄탄하고 유동인구가 많은 지역부터 하나씩 살펴보면 좋다.

/ 삼성동 : 도시 리셋이 진행 중인 미래 글로벌 상권 /

요즘 삼성동을 걸어보면 어수선하다는 인상을 받는다. 도심 한복판인데, 여전히 펜스와 가림막으로 둘러싸여 있고, 크레인은 멈춰 있고, 상가에는 불이 꺼져 있다. 겉으로 보기엔 침체된 지역처럼 보인다. 하지만 삼성동은 정체가 아니라 전환기에 서 있는 곳이다.

2014년, 현대자동차그룹은 한전 부지를 10조 원이 넘는 금액에 낙찰받았다. 그 후 10년 넘게 사업이 지연되다가 최근 2031년 준공을 목표로, 지상 49층 규모의 건물 3개 동을 건설하기로 결정했다. 하지만 장기간 공사가 지연되면서 주변 상권은 얼어붙었다. 건물 임대료는 내려가고, 공실은 늘고, 사람들의 관심은 '다른 지역'으로 옮겨갔다.

그런데 필자는 이런 시기를 가장 주의 깊게 본다. 도시가 변할 때, 대부분의 사람들은 '결과'를 보고 움직이지만 진짜 투자자는 '멈춰있는 시간'을 본다. 지금 삼성동이 딱 그렇다.

삼성동은 지금 도시의 구조가 바뀌는 중이다. 삼성동의 변화는 단순히 건물 몇 개가 바뀌는 수준이 아니다. 서울의 도시 구조 자체가이 일대를 중심으로 재편되고 있다. 영동대로 지하에는 GTX-A·C

노선이 들어오고, 그 안에는 광역버스와 지하철, 공항철도를 모두 연결하는 초대형 복합환승센터가 조성 중이다. 지상에는 공원과 보행광장이 생기고, 코엑스에서 GBC(글로벌 비즈니스 콤플렉스)까지 이어지는 대형 보행축이 열린다.

이건 강남에서 처음으로 시도되는 '보행 중심의 도시 구조'다. 지금까지 강남은 자동차 중심 도시로, 사람이 걷는 거리보다 차가 달리는 도로가 많았다. 하지만 삼성동 개발은 그 방식을 완전히 바꾼다. 보행자 중심의 공간, 전광판 거리, 문화 콘텐츠 중심의 상업시설 등 단순한 재개발 수준이 아니라 도시의 리셋이다.

2024년 1월, 시장이 가장 얼어붙어 있던 시기에 삼성역 인근 건물 하나를 중개했다. 노후화되어 리모델링이 필요한 건물이었지만, 당시 필자는 이 건물이 단순한 리모델링 대상이 아니라 '입지 그 자체가 브랜드'인 건물이라고 판단했다. 코엑스 도보 3분 거리, GBC 바로 인근 블록, 지하철 접근성, 개발 기대감까지 모두 갖춘 입지였다. 리모델링만 마치면 바로 수익형으로 전환 가능한 구조였고, 무엇보다 중요한 건 이 지역이 '시간이 지나면 반드시 재평가될 곳'이라는 점이었다.

결국 매수자는 남들이 두려워할 때 들어갔고 기회를 잡았다. 시장에 온기가 돌면 이미 진입이 늦다. 조용할 때 들어가야 진짜 가격이 나온다. 나는 이 블록은 강남에서 향후 가장 크게 오를 지역 중 하나가 될 거라고 생각한다.

지금의 삼성동은 불편하다. 교통도 막히고, 상가도 조용하고, 공사도 끝이 안 보인다. 하지만 도시를 길게 보면, 이런 멈춤의 시기가 곧 상승의 시그널이다. 도시는 멈추는 순간 다시 방향을 잡는다.

삼성동의 가장 큰 변화는 밀도다. GTX와 복합환승센터, GBC, 코엑스, 봉은사, 무역센터, 현대백화점, 파르나스. 이 모든 기능이 한 지역 안에서 작동하는 곳은 서울에 단 한 곳뿐이다. 상주인구만 수십만 명, 출퇴근 인구와 유동인구를 합치면 하루 수십만 명이 드나드는 구조다. 도시의 흐름이 한쪽으로 쏠리는 게 아니라, 삼성역을 중심으로 모이는 형태로 바뀌는 것이다.

필자는 강남을 오랫동안 봐왔다. 강남역이 중심이던 시절이 있었고, 신사·압구정이 뜨던 시기가 있었다. 하지만 앞으로 강남에서 가장 크게 바뀔 곳은 단연 삼성동이다. 청담이 완성된 고급 상권이라면, 삼성동은 새로 만들어지는 글로벌 상권이다. GBC가 완공되면

글로벌 기업, 금융사, 외국인 투자자, 그리고 MICE(전시·컨벤션) 산업이 한데 모인다. 서울의 얼굴이 바뀌는 순간, 그 중심에 삼성동이 서게 된다.

　강남역이 대중의 중심이었다면, 삼성동은 글로벌의 중심이 된다. 이건 단순한 지역 상승이 아니라, 도시의 방향이 바뀌는 변화다. 삼성동 투자는 속도가 아니라 체력이다. 단기차익을 노린다면 맞지 않는지만 도시의 미래에 베팅한다면 이만한 입지는 없다. 삼성동은 아직 완성되지 않았다. 하지만 이미 미래의 중심으로 움직이고 있다. 지금 이 시기, 그 흐름을 먼저 읽고 들어간 사람이 결국 강남의 다음 무대를 선점하게 될 것이다.

/ 도산공원 : 럭셔리 브랜드로 재편된 하이엔드 리테일 거리 /

압구정 로데오역 인근과 도산공원 주변 블록은 강남에서도 손꼽히는 고급 상권으로 자리 잡고 있다. 신사동 가로수길이 장기 침체로 어려움을 겪는 동안, 오히려 이 지역은 브랜드 매장, 럭셔리 리테일, 카페, 하이엔드 레스토랑 등이 몰리며 강남에서도 '프리미엄 거리'로 완전히 자리매김했다.

압구정 로데오역 일대는 예전에는 패션과 유행의 중심지였다. 1990년대 후반부터 2000년대 초반까지는 전국적인 명성을 가진 거리였고, 한때는 홍대·청담·가로수길보다도 먼저 '트렌드 거리'로 불렸다. 하지만 시간이 지나며 명동처럼 대형 프랜차이즈 매장이 늘어나고, 젊은 세대가 가로수길로 이동하면서 한동안 침체기를 겪었다.

그러나 최근 몇 년 사이 도산공원 인근 블록이 완전히 분위기를 바꿨다. 건물주들의 임대료 인하 운동이 일어나자 가로수길 임대료를 견디지 못한 핫플레이어들이 옮겨왔다. 예전에 압구정에서 놀던 플레이어들도 돌아왔다. 도너츠 가게인 노티드를 시작으로 현재는 도산공원 앞 런던베이글뮤지엄이 인기를 끌면서 이 거리가 완전히 달라졌다.

단순히 한 브랜드의 흥행을 넘어 '도산공원 앞 거리'가 하나의 프리미엄 상권 아이콘으로 자리 잡은 것이다. 이 일대 메인 자리 임대료는 현재 평당 100만 원이 넘는다. 이면도로임에도 불구하고 통임대 기준으로 이 정도 금액이 형성되어 있는데, 이는 강남의 다른 상권을 압도하는 수준이다.

통임대 수요가 많은 이유는 단순히 장사 때문만이 아니다. 브랜드 홍보, 이미지 제고, 체험형 리테일 등 마케팅 목적의 진출이 늘고 있다. 건물 전체를 단독으로 사용하면 브랜드의 감성을 그대로 담을 수 있고, 공간 자체가 광고 수단이 되기 때문이다. 그래서 아디다스, 버켄스탁, 무신사 스튜디오, 하이엔드 뷰티 브랜드 같은 '공간 브랜딩형 임차인'들이 비싼 임대료를 감수하고도 들어온다.

이런 흐름이 상권의 프리미엄화를 가속시키고 있다. 빌딩 시장도 같은 흐름이다. 도산공원 앞 대로변 건물들은 대지 평당 3억 원 이상에 거래되고 있다. 이면인데도 강남권에서 이 정도 가격이 형성된 곳은 손에 꼽힌다. 거기다 일반 상권에 없는 도산공원이라는 '뷰 프리미엄'이 더해지면서, 이 일대는 단순한 상권이 아니라 브랜드 가치가 반영된 거리로 바뀌었다.

또한 이 지역의 임차인은 장기임대 계약 구조를 원한다. 임차인 대부분이 5년 이상 장기 계약을 체결하고, 대형 브랜드 매장은 10~15년 이상 장기계약을 맺는다. 그래서 임대료는 높지만 안정적이다. 임차인 입장에서도 '이 지역에 있다는 것 자체'가 하나의 상징이 된다. 임대료보다는 압구정, 도산공원이라는 '주소 가치'가 더 중요하게 작용하는 시장이다. 최근에는 도산공원에서 이어지는 고급 브랜드 스트리트가 서서히 로데오 쪽으로 확장되는 흐름이 보인다.

압구정 현대아파트 재건축이 본격화되면 이 일대는 또 한 번의 대규모 변화를 맞게 될 것이다. 주거와 상업, 브랜드 리테일이 어우러진 상권으로 발전할 가능성이 크다. 도산공원 앞 거리가 만들어 낸 프리미엄 이미지가 이 일대 전체를 다시 끌어올리고 있다.

/ 성수 : 공간이 콘텐츠가 되는 브랜드 도시 /

요즘 서울에서 가장 빠르게 변한 동네를 꼽으라면 단연 성수동이다. 불과 몇 년 전까지만 해도 공장과 창고·정비소가 줄지어 있던 곳이었지만, 지금은 무신사·젠틀몬스터·프라다·디올 등 국내외 유명 브랜드의 플래그십 스토어가 모이는 핫플레이스가 되었다. 회색빛 철문과 기계 소리가 가득하던 거리에 카페·식당·편집숍·팝업스토어가 들어섰고, 주말이면 사람들로 가득 찬다.

필자도 직접 성수에서 부동산 팝업스토어를 운영해 봤는데, 방문객의 절반 이상이 외국인이었다. 특히 여성 비율이 높았고, 단순히 물건을 사러 오는 게 아니라 '공간 자체'를 경험하러 오는 분위기였다. 성수는 이제 단순한 상권이 아니라 브랜드가 소비되는 공간, 즉 공간이 콘텐츠가 되는 곳이 되었다. 요즘 브랜드는 광고보다 공간으로 자신을 보여주는데, 성수가 그 무대의 중앙에 선 것이다.

성수의 변화는 '대림창고'를 시작으로 본격화됐다. 예전엔 버려진 창고 건물이었지만, 리모델링을 통해 새로운 문화공간으로 탈바꿈하면서 분위기가 완전히 달라졌다. 마치 뉴욕 브루클린의 공장 건물들이 리모델링되어 핫플레이스로 변한 것과 비슷한 흐름이다. 성수의 공장 건물들은 다른 상권에서는 찾아보기 힘든 독특한 매력을 지닌다. 층고가 높고, 구조가 불규칙해 같은 평수의 건물이라도 공간이 주는 인상이 다르다. 이런 개성 있는 구조는 '특별한 공간과 경험'을 찾는 젊은 세대에게 큰 매력으로 작용한다.

또한 임차인 입장에서도 성수의 공간은 매력적이다. 높은 층고와 넓은 공간 덕분에 브랜드의 정체성을 담은 대형 팝업스토어나 플래그십 스토어를 만들기 좋다. 실제로 많은 기업들이 성수를 브랜드 실험 공간으로 삼고 있다. 단순한 매장이 아니라 브랜드를 체험할 수 있는 공간, 콘텐츠가 되는 매장을 만든다. 이런 이유로 성수의 리테일 수요는 계속 강해지고 있다.

성수 안에서도 중심은 단연 연무장길이다. 원래 서연무장길이 메인 상권이었는데, 최근에는 동연무장길까지 빠르게 확산되고 있다. 불과 몇 년 전만 해도 조용한 골목이었지만 지금은 외국인, 젊은 여성 소비자, 관광객으로 붐비는 거리로 변했다. 몇 년 전 평당 1~2억 정도였던 땅값이 지금은 3~5억 원 수준이고, 매물도 거의 없다. 임대료 수준만 봐도 명동과 비슷하거나 그 이상이다. 연면적 100평 기준으로 월세 1억 원에 임대계약을 하기도 했다. 상권의 밀도와 소비력, 브랜드의 유입 속도로 보면 성수는 명동보다 더 역동적인 곳이다.

누가 "요즘 어디 투자하면 좋을까요?"라고 물으면 나는 이렇게 대답한다. 이제는 외국인이 많이 오는 곳, 그리고 부자들이 모이는 곳을 봐야 한다고. 성수동은 그 두 가지를 동시에 만족시키는 거의 유일한 동네다. 외국인 관광객이 많고, 브랜드가 상권을 이끌고, 기업들이 부지를 사들이고 있다. 건물주는 단순히 임대수익만 보는 게 아니라 팝업스토어로 브랜드와 협업하거나 공간을 콘텐츠로 활용해 부가수익을 낼 수 있다. 또한 영상 광고판이나 광고 현수막으로 인한 수익도 얻을 수 있다.

성수동은 서울 안에서 가장 빠르게 브랜드 도시로 변한 곳이다. 이곳의 가치는 땅이나 건물의 크기에 있지 않다. 사람과 브랜드가 만

(출처 : 성동구청 홈페이지 '문화관광(관광안내지도 중 일부)')

들어 내는 흐름, 그 에너지 자체가 성수의 가치다. 그리고 그 흐름이 건물의 가치를 높여준다.

/ 한남동 : 고급스러움과 자유로움이 공존하는 상권 /

한남동은 지금 서울에서 가장 '라이프스타일이 살아 있는 상권'이다. 강북과 강남을 잇는 중심에 있고, 외국인과 내국인 모두가 즐겨 찾는 곳이다.

과거엔 한강진역과 이태원역 대로변인 꼼데가르송길에만 상권이 있었지만, 지금은 꼼데가르송길 이면인 한남동 카페거리와 나인원한남을 중심으로 완전히 다른 분위기의 동네가 되었다. 2025년 꼼데가르송길의 건물이 대지 평당 3억 5천만 원에 매각되었고, 한남동 카페거리도 평당 약 1억 9천만 원에 매각되는 등 최고가를 계속 갱신하고 있다. 또한 임대료도 계속 상승하고 있다.

한남동의 중심에는 현대카드 뮤직라이브러리와 바이닐앤플라스틱 등 현대 계열 문화공간이 자리 잡고 있다. 이런 공간들이 생기면서 자연스럽게 문화 중심 상권으로 발전했다. 브랜드 카페, 플래그십 스토어, 패션 편집숍, 포르쉐 전시장 같은 고급 매장이 들어서며 상권이 고급화됐다. 예전에는 주택이 많던 골목이 지금은 하나의 '거리 브랜드'로 자리 잡았다.

이 지역은 외국인 방문객도 많다. 특히 주말이면 외국인 가족 단위 관광객과 젊은 커플들이 많이 찾아온다. 도산공원처럼 브랜드 매장이 몰려 있고, 동시에 이태원과 연결되어 있어서 쇼핑·식사·카페를 한 번에 즐길 수 있다. 서울 안에서도 유일하게 '강남의 고급스러움'과 '이태원의 자유로운 분위기'가 함께 있는 동네다.

한남동의 발전은 나인원한남이 들어오면서 가속화됐다. 예전엔 조용한 주택가였지만, 나인원 후문이 카페거리와 연결되면서 고급 소비층이 자연스럽게 유입됐다. 지금은 포르쉐, 꼼데가르송, 무신사, 나리식당 같은 브랜드가 모두 모여 있는 서울의 대표 거리 중 하나가 되었다. 특히 과거 폭스바겐 전시장이 있던 자리에 포르쉐가 들어온 건 이 상권의 수준을 보여주는 대표적인 변화다.

이 지역은 단순히 '놀러 오는 곳'이 아니라 '머무는 곳'으로 바뀌고 있다. 이태원이 유흥 중심의 상권이라면, 한남동은 문화와 일상의 상권이다. 뮤직라이브러리, 팝업스토어, 카페, 갤러리 등 '체류형 콘텐츠'가 많아 사람들이 오래 머무른다. 이 점이 임대 안정성과 상권 지속성 측면에서 매우 중요하다.

또한 한남동은 지리적으로도 유리하다. 남산, 한강, 용산, 강남을 모두 연결하는 교통의 중심에 있다. 이태원역, 한강진역, 버티고개역 까지 도보로 이동이 가능하고, 도로 접근성도 좋다. 주차공간이 한정 적이긴 하지만, 주요 건물 대부분이 발렛 시스템을 운영하고 있어 큰 불편은 없다.

한남동의 부동산 가치는 여전히 상승 여력이 있다. 우선 주변에 고급 주거시설이 있는 게 가장 큰 장점이라고 볼 수 있다. 즉, 받아줄 자산가들이 많은 것이다. 실제로 한남동 건물의 등기를 살펴보면 인근의 한남더힐, 나인원, 유엔빌리지, 고급 주택 등에 거주하는 건물주들이 많다. 이처럼 이곳 거주자들이 건물 투자를 한다면 한남동을 가장 먼저 생각하게 된다. 자산가들이 소비도 하고 건물도 비싸게 매입해 줄 수 있는 것이다.

현장을 직접 걸어보면 답이 보인다. 지도나 기사로만 볼 때는 느낄 수 없는 분위기가 있다. 건물, 사람, 거리의 리듬을 실제로 느껴야 투자감각이 생긴다. 한남동은 그 사실을 가장 잘 보여주는 곳이다.

아파트를 살 것인가, 빌딩을 살 것인가?
빌딩 매입·매각부터 성공·실패 사례까지

빌사남이 말하는 빌딩 투자의 모든 것

초판 1쇄 인쇄 2026년 2월 5일
초판 1쇄 발행 2026년 2월 10일

지은이 김윤수
펴낸이 백광옥
펴낸곳 ㈜천그루숲
등 록 2016년 8월 24일 제2016-000049호

주소 서울시 동작구 동작대로29길 119
전화 0507-0177-7438 팩스 050-4022-0784 카카오톡 천그루숲
이메일 ilove784@gmail.com

기획/마케팅 백지수
인쇄 예림인쇄 제책 예림바인딩

ISBN 979-11-93000-89-2 (13320) 종이책
ISBN 979-11-93000-90-8 (15320) 전자책

저작권자 © 김윤수 2026